Cheheltan, Amir Hassan:
Teheran, Stadt ohne Himmel. - Beck, 2012
    ISBN 978-3-406-63943-2 fest geb. : EUR 19.95

Der letzte Tag im Leben skrupellosen, brutalen Keramat, der sich zuerst als Krimineller in Teheran durchschlägt, dann als Anhänger und
Aktivist der islamistischen Revolution zum Direktor eines Polit-Ge-
fängnisses aufsteigt.
IK: Zeitgeschichte

                                                        (Zba)
                                                        (R 11)

                            P100153610   ekz 332.582.7
                                                    287

Amir Hassan Cheheltan
Teheran, Stadt ohne Himmel

Amir Hassan Cheheltan

Teheran, Stadt ohne Himmel

Eine Chronologie
von Albtraum und Tod

Aus dem Persischen übersetzt
von Kurt Scharf

C. H. Beck

Ander Länder

gelöscht

IK: Zeitgeschichte

rot

Kerâmats Leben in Daten

1929	Geburt in einem abgelegenen Dorf.
1941	Er flieht von zu Hause, schlägt sich nach Teheran durch und wird von einem englischen Unteroffizier missbraucht.
1942	Er wird in Habibs Fleischerei beschäftigt.
Sommer 1945	Er verschwindet aus der Fleischerei.
Winter 1945	Erziehungsanstalt.
Sommer 1946	Entlassung aus der Erziehungsanstalt und Bekanntschaft mit Scha'bun «ohne Hirn», Eintritt in eine Bande, deren Aufgaben Angriffe auf Versammlungen, Parteilokale und Zeitungsredaktionen von Kommunisten und Mossaddegh-Anhängern sind, Bekanntschaft mit Pari, der ersten Liebe seines Lebens.
Sommer 1953	Aktive Teilnahme am Staatsstreich der CIA gegen Mossaddegh zugunsten des Schahs.
1954	Bekanntschaft mit Batul.
1955	Eröffnung einer Fleischerei.
1956	Eröffnung einer Goldhandlung.
1959	Bekanntschaft mit Aghdass und die Entdeckung des persischen Schnulzenfilms.
1967	Eröffnung einer Obsthandlung.

1968	Bekanntschaft mit Talâ.
1969	Er sieht den Film «Gheyssar».
1970	Eröffnung einer Automobil-Firma.
1975	Talâ verlässt Iran.
1978/79	Die Islamische Revolution gegen den Schah und Kerâmats aktive Teilnahme daran.
Februar 1979	Sieg der Islamischen Revolution.
Sommer 1979	Kurze, vorübergehende Rückkehr Talâs nach Iran.
November 1979	«Einnahme des Spionagenestes» (Besetzung der amerikanischen Botschaft).
September 1980	Beginn des Irakisch-Iranischen Krieges.
November 1980	Heirat mit Ghontsche.
1981	Beginn einer effektiven Mitarbeit in den revolutionären Institutionen.
1982	Aufnahme der Tätigkeit auf dem schwarzen Markt für Drogen und im Antiquitätenhandel.
Herbst 1994	Erneute, plötzliche Rückkehr Talâs nach fünfzehn Jahren.

1

Vier Uhr nachmittags

Die Kinder standen mitten in der Halle, sie waren fertig angezogen, Ghontsche war dabei, in die Schuhe zu schlüpfen. Sie wollten offensichtlich fort, dennoch fragte Kerâmat: «Ihr geht aus?»

Statt zu antworten, erkundigte sich Ghontsche ihrerseits: «Du bist schon zurück? Warum so früh?»

Kerâmat legte seine Aktentasche auf den Tisch und fläzte sich in den Sessel, der dort stand. Er küsste Ssamie, der an ihn herangetreten war, weil er ihm etwas zeigen wollte, und erwiderte: «Ich hatte keinen Bock, was zu machen, ich war überhaupt nicht in Stimmung.»

Ghontsche schickte die Kinder mit einer Handbewegung zur Tür und meinte: «Kein Wunder, bei der nervtötenden Arbeit, die du hast!»

Dann sah sie ihren Mann an. Es war zwar nichts Neues, aber sie musste es ihm trotzdem noch einmal sagen: «Diese Arbeit ist schließlich und endlich auch nicht gottgegeben, das weißt du ja. Die Leute beschimpfen und verwünschen uns hinter unserm Rücken.»

Dann nickte sie wie zum Zeichen der Konzentration und sprach halblaut zu sich selbst: «Ich muss los!»

Die Kinder waren inzwischen zur Tür hinausgetreten. Ghontsche blieb, bevor sie diese schloss, einen Augenblick auf der Schwelle stehen und meinte dann mit Blick auf die Kinder: «Wir gehen ins Kino, und vielleicht essen wir danach auch unterwegs Abendbrot. Für dich steht was im Kühlschrank, falls du noch nicht gegessen hast. Im Übrigen...» Darauf wandte sie Kerâmat den Kopf zu: «... hat eine Frau angerufen und nach dir gefragt. Sie heißt Talâ.»

Zunächst glaubte Kerâmat seinen Ohren nicht zu trauen, plötzlich strich er die Lehne glatt und wollte fragen: «Wer?!» Aber er tat es nicht. Ghontsches Gesichtsausdruck war vollkommen ernst. Atemlos wiederholte er: «Talâ!»

Nun war Ghontsches Interesse geweckt. Sie drehte sich ganz zu Kerâmat um, und mit der Miene und Haltung von jemandem, der einen Verdächtigen zu einem Geständnis drängen will, fragte sie: «Wer ist denn diese Frau?» Dann setzte sie mit einem bösen Grinsen hinzu: «Bestimmt eine von deinen alten Flammen. Wie sie geflötet und gesäuselt hat! Man hörte, dass sie nicht mehr die Jüngste ist, aber sie tat immer noch ganz schön geziert und kokett. Das alles konnte ich schon aus der Art, wie die redet, heraushören.»

Kerâmat war mittlerweile aufgestanden, er stemmte die Hände in die Hüften: «Ist sie denn jetzt in Iran?»

Ghontsche runzelte die Stirn, sie war offensichtlich unzufrieden und fauchte: «Was? ... Ich weiß ja nicht mal, wer diese Person überhaupt ist.»

Sie drehte sich um, tat zwei, drei Schritte und hielt wieder inne. Inzwischen stand sie schon draußen. «Sie hat sogar zweimal angerufen. Das zweite Mal wollte sie die Nummer von deinem Büro, aber ich habe sie ihr nicht gegeben. Auf jeden Fall wusste sie, wo du arbeitest.»

Dann zog sie hinter sich zu.

Kerâmat starrte eine Weile auf die geschlossene Tür. So, als ob alles mit ihr zu tun hätte, mit dieser Tür. Er trat auf sie zu und berührte ohne bestimmte Absicht die Klinke. Es war abgeschlossen.

Er wusste, dass Träume durch geschlossene Türen gehen können, auch Albträume. Nichts kann sie aufhalten. Sie vermögen von weit her zu dir zu kommen und bei dir zu bleiben, viele Stunden, ja sogar tagelang. Außerdem war ihm klar, dass es nicht immer die Träume sind, die zu dir kommen, bisweilen wirst du mitten unter sie geschleudert. Das wusste er instinktiv.

Er schüttelte den Kopf und trat zurück, als wäre das lebenswichtig. Entfernte sich so weit von jener Tür, wie es ihm in jenem großen Haus möglich war, und blieb vor den mannshohen Fensterscheiben des Salons stehen.

Der große, herbstliche Garten war voll gelber Blätter und kahler Äste gewesen, und Talâ hatte auf einer golden schimmernden Schaukel mitten auf dem Rasen gesessen, der nun auf einmal grün war, sie hatte auf eine Stelle im Garten gezeigt und gemeint: «Siehst du die japanischen Quitten da? Die sind mir aus dem Palast des Schahs hierher gebracht worden. Die Kakteen dort …, die mit den lila Blüten, die habe ich auch selbst gepflanzt. Jene orangefarbenen Gladiolen dagegen wuchsen schon in den Gärten, als ich das hier gekauft habe. General Eschrâghi hat mir erzählt, die Stauden sind ihm aus Südfrankreich gebracht worden.»

Talâ strich sich die Haare hinters Ohr, ihre feinen, weichen Locken und die blonden Strähnen neben ihren Wangen glänzten in der Sonne. Sie drehte sich um und forderte ihn auf: «Komm, komm lass uns von hier weggehen. In diesem Land haben wir nichts mehr verloren.»

Verwirrt hätte Kerâmat beinahe die Hände durch die Scheiben nach ihr ausgestreckt, da nahm er Talâs Duft wahr. Er verdrängte alle anderen Gerüche, wehte vom Rand des Gartens herüber.

Ghontsche hatte voller Abscheu gesagt: «Ich weiß ja nicht mal, wer diese Person überhaupt ist.»

Aber Talâ war der einzige Mensch, der es gut mit Ghontsche gemeint hatte. Sie hatte Kerâmat eine Nachricht geschickt, in der sie ihm geschrieben hatte, er solle das erst siebzehn Jahre alte Mädchen nicht plötzlich zu Tode erschrecken …

Kerâmat ging zum Speicher, ohne es zu wollen, seine Schritte lenkten ihn von allein dorthin, so als hätte er keine Wahl. Er schaltete nicht einmal das Licht an, sondern steuerte geradewegs auf einen alten Holzkasten zu, in dem er ein paar persönliche Gegenstände aufbewahrte. Er öffnete vorsichtig den Deckel, und mit einem Schlage veränderte sich die Atmosphäre.

Auf einer Schachtel, die er vor einiger Zeit für die Kinder gekauft hatte, sah er ein Bild, auf dem Rauch aus dem Schnabel einer Kanne aufstieg und die Form einer schönen Frau annahm. Verschiedene Messer mit einer Arretierung und einem Elfenbein- oder Perlmuttgriff, ein paar Ringe mit einem Achat, Ketten, Tücher, einige, wenige Briefe. Und so viele Fotos? Wie viele mochten es sein? Er griff eine Handvoll heraus. Menschen, Orte! … Er nahm die Schachtel mit ins Zimmer.

«… Ich habe gehört, Du willst heiraten. Hauptsächlich deswegen schreibe ich Dir jetzt diesen Brief. Ein halbes Kind. Ich frage mich, was Du mit ihr vorhast? Mit einer, die nicht weiß, was ein Mann ist. Pass auf, dass Du sie nicht plötzlich zu Tode erschreckst, dieses noch nicht flügge gewordene Mädchen … mit dem unsinnigen Gebrüll, das Du ab und zu ausstößt … Ich kenne doch Deine Entzugserscheinungen ebenso wie Deine Rauschzustände und wie lange Du brauchst, um diese offensichtlichen Dinge zu begreifen. Frage nicht, wie ich das erfahren habe! Ich habe es eben mitbekommen. Ich habe dort drüben halt noch ein paar Leute, die mich informieren. Ich bin nicht beleidigt, ich bin auch nicht verärgert. Du hast in all diesen Jahren Dein Leben geführt

und ich meins. Aber was ist mit unserer Übereinkunft? ...
Sie tut Dir jetzt leid, ich weiß. Erst baust Du etwas auf, und
dann machst Du es kaputt, das hast Du schon immer so gemacht. Ich kenne die Männer und besonders Leute wie Dich
... Warum bist Du nicht mit mir mitgekommen? Wozu bist
Du überhaupt dageblieben? Um dann wieder auf alles zu
pfeifen? Um zu ...?»

Scha'bun «ohne Hirn» hatte den Vorhang noch in der Hand
gehalten und ihn mit folgenden Worten empfangen: «Sie hat
grade erst angefangen, die ist praktisch noch unberührt.»
   Und dann hatte er noch einmal gerufen. Pari war hinter
dem Vorhang hervorgekommen. Sie zitterte. Die dünne Seide, unter der ihr Körper deutlich zu sehen war, glitt von ihren Schultern herab. Die dicken, schwarzen Locken glänzten
auf ihrer hellen Stirn. Ihre nierenförmigen, roten Lippen waren leicht geöffnet. Die Hände auf dem Bauch, stand sie vor
Scha'bun «ohne Hirn» und Kerâmat und senkte den Kopf
wie ein Kind. Scha'bun lachte dröhnend und kratzte sich mit
einem schabenden Geräusch die Brust.
   Und Kerâmat verliebte sich in sie, es war wahre Liebe wie
der Minnedienst der edlen Ritter, wie er später begriff, als er
das Kino kennenlernte; und es gab nur ein Problem: Pari ar-
beitete in einem Teheraner Puff. Die ersten paar Tage fragte
Pari: «Wieso kommst du hierher? Willst du mich zu deinem
Schoßhündchen machen?»
   Die Höfe der Bordelle waren überdacht, ab und zu ver-
kümmerte ein Baum vor einem der Häuser aus Mangel an
Licht, die viereckigen Fliesen, mit denen man den Boden ge-
pflastert hatte, waren locker. Die Toiletten rochen nach Per-
manganat, statt Türen hatten sie Vorhänge, ihre muffigen
Messingwasserhähne tropften, und die bemoosten Wasserbecken stanken. Die Puffmütter waren picklig, ihre Zigaret-
tenpackungen steckten sie sich zwischen die Brüste, die

Frauen rochen nach Monatsblut und wurden Mama genannt. Verbrauchte alte Männer servierten Tee, sammelten Zigarettenstummel vom Boden auf und schickten mürrische Polizeibeamte mit ein, zwei grünen Scheinen fort. So sahen die Teheraner Freudenhäuser im Allgemeinen aus.

Die Puffmutter saß hinter einem klapprigen Tisch und verkaufte Jetons. Soldaten auf Urlaub, Provinzler, denen man von den Teheraner Bordellen vorgeschwärmt hatte, Männer mittleren Alters, die sich mit ihren Frauen gestritten hatten, junge Männer, denen der Schwanz juckte, alle miteinander hockten sie ringsumher auf Eisenbänken und warteten darauf, dass sie an die Reihe kämen. Immer wenn jemand die Treppe herabstieg, erhob sich der Kunde, der dran war, und ging hinauf.

Kerâmat ging Tag für Tag ins Dirnenhaus, aber er rührte Pari nicht an. Er setzte sich neben das Bett auf den Boden und schaute sie an. Er ging immer und immer wieder dorthin, bis sich das Mädchen endlich in ihn verliebte. Schließlich bat ihn Pari: «Nimm mich mit, hol mich hier raus!»

Sie gab Kerâmat die Adresse eines Dorfes, das hinter Berg und Tal lag, jenseits der Wüste. Sie forderte ihn auf: «Geh zum Grab meines Vaters und zünde eine Kerze an, geh und sieh, ob meine Mutter schon wieder geheiratet hat. Ich hatte einen kleinen Bruder, der erst drei war …» Die Puffmutter sah sich gezwungen, aufzustehen und die Treppen hinaufzusteigen, sie klopfte an die Tür und knurrte: «Pari, bist du denn immer noch nicht fertig! Nun mach schon, die Kunden warten.»

Scha'bun «ohne Hirn» hatte befohlen, ihn nicht mehr hereinzulassen. Kerâmat wusste sich wieder einmal keinen Rat mehr. Geld! Wenn er doch nur Geld hätte! Dann würde er Pari an der Hand nehmen und sie wegbringen. Er würde sie in sein Dorf bringen. Er würde sie zu seiner Mutter bringen.

Er würde … Damals hatte er keinerlei Habseligkeiten. Nur, was er auf dem Leib trug. Wenn er das wusch, setzte er sich, bis es getrocknet war, in die Sonne. Er hatte nicht einmal Wäsche zum Wechseln. Manchmal verkaufte er mit einem Bauchladen getrocknete Sauermolke, Rosinen und Trockenobst. Manchmal, wenn ihm danach war, ging er auf den Gemüsegroßmarkt, erstand am Abend zehn, zwanzig Kilo Restposten, und bis zum Mittag des nächsten Tages hatte er alles vertickt. Manchmal erpresste er jemanden. Manchmal gab ihm Scha'bun ein üppiges Trinkgeld. Allerdings hatte er auch kaum Ausgaben. Mit einem Zehn-Tumân-Schein in der Hand kam er sich vor wie ein König. Er lebte von der Hand in den Mund und war zufrieden damit. Alles in allem war er zu dem Schluss gekommen, dass Arbeiten etwas für Esel war.

Seine erste Anstellung hatte er in Habibs Fleischerei gefunden. Was hatte ihm das gebracht? Asis, «der Sperber», der die geschlachteten Rinder in die Fleischerei trug, steckte ihm ein Licht auf: Er schuftete sich zu Tode, aber Habib war es, der abends ein Bündel Geldscheine nach Hause brachte.

Als Erstes fing er damit an, eine ruhige Kugel zu schieben. Dann lernte er, beim Abwiegen zu schummeln und minderwertige Ware unterzumogeln. Zum Schluss griff er in die Kasse und machte sich dünne. Einen ganzen Winter lang gammelte er mit Asis, dem «Sperber», herum und haute das Moos auf den Kopf.

Als er nach Teheran gekommen war, hatte er die ersten vier, fünf Monate am Straßenrand herumgelungert und sich vor den Läden aufgehalten, und wenn weder der Schlächter noch seine Kunden diesem Jungen mit dem mageren Hals und den aufgerissenen Lippen, der sie anstarrte, die geringste Aufmerksamkeit schenkten, zog er Leine und haute ab. Seine Augen waren vor Hunger stumpf geworden, und sein größtes Vergnügen war, sich die wunden Stellen am Körper zu kratzen. Aber schließlich stellte ihn Habib ein.

Drei, vier Jahre war er dort beschäftigt. Er bekam keinen Lohn, nur Kost und Logis. Nach und nach nahm er etwas zu und wurde kräftiger. Bis Asis, «der Sperber», ihn anstiftete, in die Kasse zu greifen.

Morgens fing er damit an, den Laden zu fegen und aufzuwischen. Dann zeigte ihm Habib, wie man das Fleisch richtig zerlegt. Kerâmat bewies großes Talent. Nach ein, zwei Jahren konnte er das Fleisch mit geschlossenen Augen von den Knochen lösen sowie Keule und Hesse von der dünnen Fettschicht trennen. Wenn Kerâmat da war, konnte Habib beruhigt die Hände in den Schoß legen, und schließlich machte er seine Arbeit so gut, dass ihm Habib den Laden ganz und gar überließ.

Die Kunden verließen sich ebenfalls auf ihn. Von ihm würden sie nie Ziegen- statt Rindfleisch bekommen oder zähes oder nicht mehr frisches Fleisch. Sogar der Kaffeehausbesitzer und der Kebâbhändler waren zufrieden mit ihm. Dank seiner Anwesenheit wurde das Fleisch des Schlächters Habib nie gammelig, und obendrein war die ganze Lieferung immer schon ausverkauft, bevor es Mittag wurde.

Außerdem bewies er Geschmack. Die Schalen der Tafelwaage, die im Laden stand, rieb er mit Ziegelstaub blitzblank, und die weißen Fliesen an den Wänden polierte er so, dass sie leuchteten. Das Fett der Schwanzstücke schnitt er in Streifen fein wie Haarsträhnen, die Speckschwarten brachte er auf Hochglanz, die Milchlämmer verzierte er mit Papierblumen, steckte ihnen Orangen in den After und hängte sie am frühen Morgen an die Haken an der Wand. Am Abend zündete er in dem leeren Laden zwei, drei Kerzen an, flocht Kränze aus Blumenstängeln und dekorierte damit die Haken. Er schmückte den Laden wie ein Brautgemach.

Gegen Abend kam Habib, nahm ein Bündel Geldscheine aus der Kasse, steckte es sich in die Tasche und ging nach Hause. Kerâmat aber blieb da, auch wenn er sich vom frühen Morgen an abgerackert hatte. Kaum war Habib fort, tauchte Asis, «der Sperber», auf. Sein Unterarm war tätowiert. Das Gesicht einer Frau, umgeben von einem Kranz lockiger Haare. Er erklärte: «Die Erinnerung an eine Traumfrau.»

Die Frauen! Ein- oder zweimal hatte er im Fleischerladen selbst, zum Beispiel an einem heißen, stillen Nachmittag, als eine Frau hereingekommen war und ein verlockender Geruch … vielleicht war es auch nur ein bestimmter Blick oder eine Bluse, von der ein Knopf nahe dem Bauchnabel abgefallen war, und, als er sich zu der Frau umgedreht hatte, um ihr ein in Papier eingewickeltes Stück Fleisch hinzuhalten, und ihren Bauch gesehen hatte, hatte er gespürt, wie er einen Steifen bekam und sich seine Hose vorn wölbte.

Kerâmat war förmlich in die Höhe geschossen. Die Arm- und Beinmuskeln waren nach und nach fest und hart geworden, und seit einiger Zeit traten die bläulichen Adern auf seinem Unterarm deutlich hervor. Der Stimmbruch war zu Ende gegangen, er hatte einen Bass bekommen, und wenn er über etwas nachdachte, bildeten sich zwei tiefe Furchen mitten auf seiner Stirn zwischen den beiden Augenbrauen. In solchen Augenblicken war es ein- oder zweimal geschehen, dass er, wenn er den Kopf hob, bemerkte, dass eine Frau den Blick plötzlich zu Boden senkte.

Asis, «der Sperber», schluckte schwer und fing an, von Freudenhäusern zu schwärmen, von todschicken Frauen, mit denen man für eine Fünf-Riâl-Note schlafen konnte, und eines Abends erzählte er Kerâmat, dass sie sich etwas über die Brüste tun, was man Büstenhalter nennt, und er sprach von Unterhöschen, die sich die Huren anziehen und die keine Hosenbeine haben, und meinte: «Dann kann man, ohne dass sie sich die ausziehen …» Kerâmat bekam wieder einen

Ständer; dann zog Asis eine Flasche Arak aus der Innentasche seiner Jacke und sagte: «Die habe ich als Belohnung dafür gekriegt, dass ich einem amerikanischen Soldaten einen Gefallen getan habe.» Dann drehte er den Schraubverschluss auf, hielt sie Kerâmat unter die Nase und meinte: «Riech mal!»

Es roch scharf, Kerâmat wich zurück, aber schließlich trank er einen Schluck. Von der Kehle bis tief in den Bauch hinunter brannte alles wie Feuer.

Asis, «der Sperber», sagte: «Habib hat Asise, die Tochter von Mostafâ, der ‹Leiche›, die ihr Mann dreifach verstoßen hatte, auf Zeit geheiratet, er hat ihr im Judenviertel ein Zimmer gemietet und hält sie da aus.»

Dann setzte er hinzu: «Du rackerst dich hier ab, und dieser Scheißkerl macht Fettlebe.»

Er drängelte immer wieder und wieder, bis er ihn endlich herumgekriegt hatte. Kerâmat geriet auf die schiefe Bahn und gab sich keine Mühe mehr. Der Laden, der bis dahin so blitzblank gewesen war, dass man vom Fußboden hätte essen können, verkam, und auf einmal lag überall Dreck herum.

Die Kunden wurden allmählich unzufrieden; er gab ihnen nur noch ein paar Hände voll Schund und Schmutz. Zuerst verkaufte er ihnen minderwertiges Fleisch, dann betrog er sie beim Abwiegen und dann ...

Dann kam die kalte Dusche: sechs Monate Erziehungsanstalt ... Vielleicht wäre es ihm besser ergangen, wenn er bei Habib geblieben wäre ... Nein! Der hatte ihn wie einen Sklaven gehalten. Zwei, drei Jahre danach begriff er, wie der Hase lief. Er sah ein, dass man nicht zu pingelig sein durfte. In der Besserungsanstalt wurden ihm Augen und Ohren geöffnet. Da war es auch, wo er Hassan, den «Kreisel», und den «gestiefelten» Ahmad kennenlernte.

Nach der Entlassung aus der Erziehungsanstalt hatte der Reigen seiner Bekanntschaften mit verschiedenen Frauen begonnen, aber keine war so umwerfend gewesen wie Talâ. Ghontsche, nun ja, sie war seine Frau, war die Mutter seiner Kinder, aber sie stand ihm fern, war seinen Träumen fremd, auch seinen Albträumen. Und es war stets diese Talâ, die ihm vor Augen kam, manchmal angeheitert und flatterig, manchmal ernst und mürrisch, manchmal auch trübsinnig und griesgrämig.

Mit einem Mal bemerkte er, dass er ganz nass geschwitzt war. Mit der Hand wischte er sich den Schweiß von der Kehle ab. Und dann begann er zu frösteln, tief in seinem innersten Wesen zitterte er vor Kälte. Das war für ihn etwas Neues.

Seinerzeit hatte er das Gefühl zu frieren nicht gekannt. Für ihn war immer Frühling, immer Sommer gewesen. Wenn sie in einer Gruppe zum Teehaus des Maschdis in die Berge gezogen waren, dann hatte er sich ausgezogen, kaum dass er angekommen war. Er hatte sich bei diesem nach seinem Befinden erkundigt, und schweißnass, wie er war, war er in den kleinen Teich, den die Quelle bildete, gesprungen. Einen Tümpel, dessen Wasser eiskalt war, so kalt, dass man die Hand nicht hineinhalten konnte. Man konnte nicht einmal die Zähne in die Wassermelonen schlagen, die der Teehausinhaber am Vorabend zum Kühlen am Rand ins Wasser gelegt hatte.

Er hörte förmlich die zittrige Stimme des Maschdis: «Na! Kerâmat, erinnerst du dich noch an den Tag, als ...? Das verzeih ich dir nicht. Eine ganze Woche lang habe ich geglüht wie ein Backofen. Als Folge dieses Unheils habe ich eine Lungenentzündung bekommen, von der ich mich nie mehr erholt habe. Im nächsten Winter ist es mit mir zu Ende gegangen. Mein Blut soll über dich kommen ... Nach meinem

Tod musste meine Frau als Haushaltshilfe arbeiten. Meine Tochter, die blühte wie ein Strauß von Rosen, musste anfangen, in einem Freudenhaus zu arbeiten. Ich verzeih dir nicht. Noch in dieser Welt wirst du dafür bezahlen!»

In Kerâmats Kopf ging es drunter und drüber wie am Jüngsten Tag. Er sah den hageren Mann aus dem Grab hervorschauen. Seine schmalen Schultern ragten aus der Erde, die bläulichen Adern zogen sich von den Schläfen hinab bis zur Kehle. Durch den Staub, in dem alles verschwand, warf er ihm Blicke zu, die ihn tief aus den Augenhöhlen anblitzten.

Um diese Bilder, diese Albträume, die auf ihn einstürmten, nachdem er die Schachtel mit den Briefen und den Fotos geöffnet hatte, zu vertreiben, schüttelte er den Kopf. Und dann versuchte er, mit einer Handbewegung die flüchtigen Schatten, die vor seinen Augen tanzten, als ob sie aus dem Gewirr der Äste im Garten erneut auf ihn eindrängen, zu verscheuchen. Und unwillkürlich fuhr er sich mit der Hand ans Geschlecht und murmelte: «Ich weiß nur eins, ich bin wieder gefickt. Damals hab ich mich ficken lassen, und dann hab ich mich doch wieder aufgerappelt, und jetzt bin ich wieder dran.»

Und als läge es an diesem offenen Eingeständnis, wurden die Bilder vor ihm plötzlich blasser.

Als er mitten aus diesem Teich Wellen schlagend und prustend aufgetaucht war wie ein Wal, dessen Kopf die Wasseroberfläche durchstößt, war ihm das Wasser aus allen sieben Körperöffnungen geströmt, und er hatte laut gerufen: «Maschdi, leg deinen Kebâb auf die Glut!»

Er war nach vorn getreten, und das Wasser des Tümpels war übers Ufer geschwappt. Der Maschdi hatte sich das Baumwolltuch von den Schultern genommen, das Gesicht zu Boden gewandt und wie immer, wenn er nicht recht wusste, was er seinem Gesprächspartner antworten sollte, verlegen den Kopf zum Tisch geneigt und zwei, drei Wörter vor sich hin geflüstert.

Kerâmat schoss schon wieder heraus und machte einen Kopfsprung. Alles im Umkreis wurde nass, das Wasser spritzte so heftig, dass eine der Scheiben des Teehauses in tausend Stücke zersplitterte. Erschreckt flatterten die Kanarienvögel hinter den Gitterstäben.

Als Kerâmat die Füße in das Becken hielt, beruhigte sich das Wasser schnell. Der Maschdi nahm zwei, drei trockene baumwollene Tücher von der Stuhllehne und lief auf ihn zu. Kerâmat drehte sich halb um, nahm seine Männlichkeit in die Hand und pisste von dem Ufer aus, an dem er stand, in einem hohen Bogen in das zwei, drei Meter entfernte Gärtchen. Auf einem Holzbrett hinter ihm war ein Knabe mit einem erigierten Glied eingebrannt.

Kerâmat nahm dem Maschdi ein Tuch aus der Hand und band es sich um die Hüften, das nächste legte ihm dieser selbst auf die Schultern.

Die Federmesser machten ein kratzendes Geräusch. Die Kameraden von Kerâmat, die mit ihm zusammen in die Berge gekommen waren, hatten ihre Messer herausgeholt, sie standen unter den Platanen des Gärtchens und stachen damit in die Haut der unreifen Nüsse, die sie unterwegs unter den Bäumen aufgesammelt hatten. Alle warteten gespannt.

Kerâmat wand sich die Handtücher um Kopf und Schultern und fragte: «Na? Ist der Kebâb fertig?»

Das Gesicht des Maschdis war kreidebleich. Da er schielte, war sein Blick nicht auf Kerâmats Gesicht gerichtet, sondern auf einen Holzpfosten der Terrasse. Seine Nasenflügel zitterten. Er senkte den Kopf und sagte: «Lieber Kerâmat … du weißt, dass ich immer Fleisch für Kebâb bereitgehalten habe. Oder ist es etwa schon mal passiert, dass du gekommen bist und die Kohle im Becken nicht glühte? ... Aber ...»

Seine Stimme zitterte. Hassan, «der Kreisel», «der gestiefelte» Ahmad und Asis, «der Sperber», standen, das Messer in der einen Hand und die Nüsse in der anderen, breitbeinig da, und mit verschleierten Augen, hochgezogenen Augenbrauen und schief sitzendem Hut pfiffen sie leise vor sich hin. Als hätte das, was in ihrer unmittelbaren Nähe geschah, nichts mit ihnen zu tun.

Es war, als ob das Sonnendach der Terrasse, das hölzerne Geländer des Hofs, die abgenutzten Tische, sogar der Innenraum des Teehauses und alles andere, was es ringsum gab, unter dem Eindruck von Kerâmats Gehabe stünden. Etwas Schweres lag in der Luft und raubte dem alten Mann den Atem. Kerâmat hatte noch immer das Baumwolltuch um Kopf und Ohren gewickelt. Die Augenbrauen hochgezogen, den Blick starr auf den Boden gerichtet und die Stirn gerunzelt, flößte er dem alten Mann immer mehr Angst und Schrecken ein. Er war es nicht gewöhnt, ein Nein zu hören. Als Zeichen der Geringschätzung fuhr er sich mit der Hand ans Geschlecht, verzog das Gesicht und fragte: «Na und?»

«Dieser Yâdollah, der Schuft, er möge tot umfallen und auf der Pritsche einer Leichenwäscherei landen! Du weißt doch, der, der mir immer das Fleisch von der Bergweide brachte.»

«Hoffentlich geht dir bald die Puste aus! Als Antwort auf meine Frage genügt ein Wort.»

Der Maschdi antwortete mit derselben zittrigen Stimme: «Ich schäme mich ja so, lieber Kerâmat!»

Kerâmat zog nochmals die Augenbrauen hoch: «Du hast eine halbe Stunde Zeit. Entweder gibt es dann Lammkebâb, oder ich rupfe deine Kanarienvögel lebendig vor deinen Augen, brate sie am Spieß und stopf sie mir ins Maul.»

Erschrocken trat der Maschdi einen Schritt zurück, wandte den Kopf und schaute zu den Käfigen mit den Kanarienvögeln. Er sah aus, als wäre ihm alles Blut aus dem Körper ins Gesicht geschossen. Es fehlte nicht viel, und die zuckenden Augen wären ihm aus den Höhlen getreten. Dann wandte er sich wieder um: «Wo, zum Teufel, soll ich Fleisch herbekommen, wenn ...»

Kerâmat schnellte empor wie eine Feder. Er brüllte so laut, dass alle Spatzen, die auf den Bäumen in der Umgebung saßen, aufflogen. «Ich ficke auf der Stelle deine Mutter und deine Schwester!»

Er kannte keine Gnade. Er packte den alten Mann an der Gürtelschnalle, riss ihn mit einem Ruck vom Boden hoch, und noch bevor seine Kameraden dazwischengehen konnten, schmiss er ihn in das Wasserloch. Der ganze Hof des Teehauses wurde nass gespritzt.

Der Maschdi stieß einen Hilferuf aus und versank.

Der alte Mann zappelte dabei wie ein Vogel, der mit den Flügeln schlägt. Immer wieder ging er unter, tauchte wieder auf und näherte sich dem Teichufer. Kerâmat setzte einen Fuß auf den runden Zementrand des Beckens, und mit dem anderen gab er dem Maschdi jedes Mal einen Fußtritt gegen den Kopf. Er fiel in die Mitte des Beckens zurück und versank wieder. Benommen von den dauernden Tritten auf den Hinterkopf schluckte er jede erdenkliche Menge Wasser. Dann hörte er auf zu blubbern. Wenn er den Kopf herausstreckte, hatten die Männer, bis er den nächsten Fußtritt erhielt, nur einen kurzen Moment Gelegenheit, die Todesangst zu sehen, die ihm aus den Augen blitzte.

Kerâmats Kameraden flehten ihn an. Sie beschworen ihn bei ihrem Bart, ihrem Schnurrbart und allem, was ihnen lieb und teuer war. Hassan, «der Kreisel», meinte: «Verehrter Kerâmat, ich appelliere an dein Gerechtigkeitsgefühl, dieser arme Kerl kann doch nichts dafür!»

Kerâmat brüllte und brüllte so laut, dass sich die verstorbenen Angehörigen des Maschdis im Grabe herumdrehten.

Eine Zeit lang sah er seine Kameraden mit blutunterlaufenen Augen an, dann wandte er dem Wasserloch, einen Fluch auf den Lippen, den Rücken zu: «Schließlich muss ich diesem Arschloch doch Benehmen beibringen.»

Er sprang auf die Terrasse und versetzte den Stühlen ein paar Fußtritte. Endlich starrte er, die Hände am Gürtel, keuchend vor Wut auf die Käfige mit den Kanarienvögeln. Selbst wenn er das gesamte Teehaus in Brand gesteckt hätte, hätte niemand es gewagt, ihn auch nur mit einem Tröpfchen Wasser zu bespritzen, um seine Wut abzukühlen.

Er drehte sich um, hob die Hände, mit jeder Geste zerschnitt er die Luft. Seine Bewegungen waren so abgehackt, als hätte er ein Skelett aus Stahlbeton. Er selbst ging, aber seine Bewegungen blieben in der Luft hängen.

Als der Maschdi schließlich aus dem Wasser stieg, bibberte er eine ganze Stunde lang in der Sonne. Bald war das Zittern so stark, dass er mit den Zähnen klapperte, und er konnte nicht einmal sein Gebet für Kerâmats Tote zu Ende sprechen, als das Schlottern schon wieder seinen ganzen Körper ergriff. «Der gestiefelte» Ahmad rühmte Kerâmats Großmut dem Maschdi gegenüber und meinte zu diesem: «Nur zu, du kannst gar nicht genug für ihn beten.»

Kerâmat war ja allgemein bekannt für seine Güte und seinen Edelmut. Vor Kurzem hatte er im Gefängnis befohlen, eine von diesen Kommunistinnen und Heuchlerinnen vor den Augen aller auf die Fußsohlen zu schlagen, um sie zu züchtigen, aber die Frau gehorchte nicht, sie legte sich nicht hin und hielt die Füße nicht hoch.

«Ich habe dir gesagt, du sollst dich hinlegen!»

Das Gebrüll ließ die junge Frau zittern, aber sie sagte: «Ich lege mich vor keinem Mann hin.» Da war die junge Frau im Recht.

«Wo ist denn dein Sinn für Anstand geblieben, Mann»,

fragte er sich, und er verzieh ihr. Er war schließlich ein Gentleman. Er schlug sich mit der Peitsche an den Stiefel und blickte zu Boden. Sie war zwar eine Frau, aber sie hatte es auf den Punkt gebracht. Kerâmat biss sich im Mundwinkel auf die Lippe und wandte sich ab. Sein Assistent Mostafâ und ein Haufen Handlanger liefen hinterher.

An jenem Tag im Garten des Maschdis waren aus Kerâmats Mund, solange er dort war, nur Flüche zu hören gewesen, und er ging noch zwei-, dreimal auf den Maschdi los, sodass ihn seine Kameraden am Kragen packten, gebührend bewunderten, was für ein toller Kerl er doch war, und ihn zurückhielten.

Aber es gab noch ein anderes Gärtchen, dessen Wasser im Becken ebenso kalt war wie das im Teich vom Maschdi …!

Maulbeerbäume, Rosensträucher, gleichmäßig beschnittene Buchsbaumhecken und ein Zaun aus Metall mit einem Muster von Tauben und Sternen, ein Zementbecken, dessen blaue Farbe ausgeblichen war, und eine Frau namens Batul!

Kerâmat hatte inzwischen eine Fleischerei eröffnet, ja, das Geld hatte ihm Batul gegeben, aber Inhaber des Ladens war er aus eigener Kraft geworden. Danach war es sein größter Wunsch gewesen, eine auf Tschelou-Kebâb spezialisierte Gaststätte zu eröffnen. Sie sollte eine geräumige Küche haben und zahlreiche Angestellte, die das Fleisch auf die Spieße steckten, den Reis zubereiteten, Sumach darauf streuten und die Wasserpfeifen stopften. Und er selbst würde an der Kasse sitzen, von seinesgleichen würde er kein Geld nehmen, armen Kindern würde er gratis Kebâb geben, und wenn sich die Gelegenheit bot, würde er sie alle versammeln und zu dem Film «Ein edelmütiger Schelm» mit ins Kino nehmen. Wenn Batul ihr Gärtchen verkaufte, könnte er das größte Tschelou-Kebâb-Restaurant der Hauptstadt oder gar der Welt eröffnen.

Batul gab das Gärtchen jedoch nicht auf, und die Angelegenheit entwickelte sich nicht gut. Kerâmat fing an, sie unter verschiedenen Vorwänden anzuschreien.

An einem solchen Tage – auf dem Höhepunkt einer ihrer täglichen Streitereien – stand Batul auf und ging zum Telefon. Sie wählte eine Nummer, und dann fragte sie nach dem Herrn Oberst.

Kerâmat hatte auch schon vorher Wind davon bekommen, dass einer dieser Großkotze ein Auto mit Chauffeur zu ihr zu schicken pflegte. Während Batul mit dem Telefonkabel spielte, lachte sie wollüstig, und zwar so laut, dass der Kronleuchter an der Decke ins Schwanken geriet. Zwischendurch schaute sie Kerâmat mit finsteren Blicken an.

Wütend schlug er die Tür hinter sich zu und ging. Er wusste, dass die Macht eines Obristen größer war als seine eigene, und er wusste auch, dass Scha'bun mit vielen dieser hohen Offiziere bekannt war. Er ging zu Scha'bun, aber er hatte den Mund noch nicht geöffnet, um ihm sein Leid zu klagen, als dieser ihn mit folgenden Worten begrüßte: «Gut, dass du kommst, sei morgen ganz früh hier, ich habe Arbeit für dich. Die Kommunisten haben zu einer Demonstration aufgerufen, das sollen sie büßen!»

Es sollte ein stürmischer Tag in den Straßen der Stadt werden … Sie waren auf die Straße gezogen, brav wie Schulkinder hatten sie sich in Reihen aufgestellt, sie trugen Brillen und Schlipse, manche hatten Schirmmützen auf. Unter ihnen waren auch unverschleierte Frauen. Sie erhoben die Faust und riefen ihre Parolen. Sie verlangten Brot, Wohnung und noch ein paar solche Dinge.

Man durfte nicht zulassen, dass sie den zentralen Platz der Stadt erreichten. Wenn sie da ankämen, würden er und seine Leute nichts mehr ausrichten können. Auf einmal flog ein brennendes Holzscheit durch die Luft und fiel mitten in die Menge. Eine Frau schrie auf. Die Reihen gerieten durcheinander, zwei, drei Verwundete wurden vom Schauplatz des Geschehens weggebracht … Es dauerte nicht lange, und die Menge setzte ihren Marsch fort. Kurz darauf begann es Steine zu hageln.

Am Straßenrand standen Polizisten mit der Hand hinterm Rücken, ließen ihren Knüppel um das Handgelenk kreisen, trillerten mit ihren Pfeifen und guckten in die Luft. In solche brenzligen Angelegenheiten mischten sie sich lieber nicht ein. Auf beiden Straßenseiten pissten eine Gruppe von Männern von den Balkonen der Regierungsgebäude herab auf die Leute, die unten auf dem Bürgersteig standen und zuschauten.

Scha'bun «ohne Hirn» hatte Kerâmat Gholâm, der «Negerin», zugeteilt. Als die Lage unübersichtlich wurde, sollte Kerâmat ein paar Leute mit dem Messer angreifen. Etwas später tauchten Panzer und gepanzerte Fahrzeuge am Ort des Geschehens auf. Es gab viele Tote, und auf den Straßen floss Blut. Die Polizisten waren verschwunden, sie waren wohl davon überzeugt, dass den Angreifern in Anwesenheit der Streitkräfte nichts Übles zustoßen könne.

Kerâmat ließ sein Messer über dem Kopf kreisen und sah sich nach Opfern um, er witterte den Geruch von Menschenblut, und es war genau das, wonach es ihn verlangte. Am frühen Morgen hatte er sich mit einem halben Liter Arak gestärkt. Dies war die erste Maßnahme an einem heißen Sommertag im Kampf um die Straße.

Ein Amerikaner namens Harriman war nach Iran gekommen. Kerâmat fragte: «Wer ist denn dieser Harriman? Wir sind doch selber hehre Männer!»

Zu jener Zeit spielte Iran bereits seit einigen Jahrhunderten keine Rolle mehr in der Geschichte der Menschheit – erzwungenermaßen oder vielleicht auch freiwillig. Aber zu

Anfang des zwanzigsten Jahrhunderts kehrte Teheran auf einem Umweg in die Geschichte zurück. Dieser Weg hieß «Erdöl». In jenem besonderen Augenblick der Geschichte dieser Stadt war ein heftiger Streit um die Ausbeutung des iranischen Erdöls im Gange. Harriman war als Vertreter der amerikanischen Regierung nach Iran gekommen, um wegen des Erdölproblems zwischen Iran und England zu vermitteln. Die iranischen Kommunisten waren gegen seine Intervention, sie waren ganz allgemein gegen jede Kompromisslösung, deshalb waren sie an diesem Tag auf die Straße gegangen, und so hatten Kerâmat und die übrigen Burschen das Recht in die eigene Hand genommen.

Hassan, «der Kreisel», hatte Batuls Vergangenheit gekannt, er hatte ihm erklärt: «Sie war eine Frau auf Zeit von Hamidi. Weißt du, wen ich meine? Einen reicheren Großgrundbesitzer als ihn gab's in ganz Teheran nicht. Einen Monat bevor der alte Mann bei seinem letzten Schlaganfall abgekratzt ist, hat er ihr das Gärtchen vermacht.»

Kerâmat bot ihr an: «Und dir überschreibe ich ein Drittel von dem Tschelou-Kebâb-Restaurant; hast du was dagegen? Schließlich hast du ja alles ganz umsonst bekommen.»

Batul ging an die Decke: «Ganz umsonst? Wie viele Jahre lang habe ich mit ihm geschlafen, und nach dem Schlaganfall habe ich ihm zwei volle Jahre lang die Scheiße abgewaschen. Ganz umsonst? Blödsinn!»

Auf gütliche Weise ließ sich das nicht regeln. Er erinnerte sich jetzt noch, wie sehr die Frau ihm an jenem Tag auf den Sack gegangen war. Er ließ das Messer zuschnappen und sagte: «Das nächste Mal stecke ich's erst ein, wenn Blut geflossen ist.»

Er hob die Hand. Nach so vielen Jahren war ihm immer noch so, als hätte er ein offenes Messer in der Hand. Er sah sogar, wie von der Messerspitze Blut tropfte. Und wenn er dieses Messer ein paar Jahre früher gehabt hätte? ... Jetzt blickte der englische Unteroffizier ihn erneut an. Nachdem er seine Hose aufgeknöpft und am Straßenrand im Dunkeln gegen einen Baum gepinkelt hatte, hatte er sich jetzt wieder umgedreht und zu Kerâmat herübergeschaut, dem Jungen mit den vor Kälte rissigen Lippen.

Heiße Rote Rüben! Er hatte einen richtigen Heißhunger darauf. Damals hatte er seit dem frühen Morgen nichts gegessen gehabt. Dampfkringel, die von der Platte mit den roten Rüben mitten aus dem kreisförmigen Lichtschein des Gaskochers ununterbrochen in die Luft stiegen, ließen seine Nasenflügel zittern.

Hunger! Den fürchtete er noch immer, er hatte ihn immer gefürchtet. Dieser Albtraum war der ständige Begleiter jenes Bildes ... Der englische Unteroffizier schlug mit der Handfläche auf die andere zur Faust geballte Hand und kam lächelnd näher. Er blieb einen Moment vor Kerâmat stehen, dann holte er ein Stück Zuckerbrot aus der Tasche: Kerâmat war dabei, es gierig zu verschlingen, während der Mann ihm den Hinterkopf streichelte. Die Hand des Mannes war warm und liebevoll, aber Kerâmat wusste, was das zu bedeuten hatte.

Wie alt war er wohl gewesen? Er konnte sich nicht erinnern. Aber das Brennen und den unerträglichen Schmerz, den er dabei empfand, hatte er sehr wohl noch im Gedächtnis. Der Mann hatte Kerâmat die Hose mit einem Ruck von hinten heruntergezogen und ihn auf offener Straße missbraucht. Er war erst zwölf Jahre alt gewesen, und es war das erste Mal. Sein Blick verfinsterte sich bei dem Gedanken daran. An etwas anderes konnte er sich nicht erinnern, wollte er sich nicht erinnern. Er war durch die dunkle Gasse gelaufen. Er hatte geweint, und er hatte «Mama!» gerufen.

Jetzt war es Jahre her, dass sich sein Mund das letzte Mal zu diesem Wort geformt hatte, und gerade in diesem Augenblick musste er plötzlich an all das denken, was mit diesem Begriff verbunden war, und er verspürte das dringende Bedürfnis, «Mama!» zu flüstern.

Und während Kerâmats Lippen dieses Wort formten, stand sie plötzlich vor ihm. Da legte die Frau ihre runzligen Hände an den Türpfosten und richtete sich auf. Sie war müde, aber ihr Gesicht war gütig und leuchtete, als ob sie es gerade gewaschen hätte. Sie war offensichtlich von weit her zurückgekommen. Sie war gekommen, aber ihre Hände waren leer. Ihre Hände waren immer leer gewesen. Der Sohn sagte: «Ich habe Hunger.»

Einen Augenblick lang strich sich die Frau das hennagefärbte Haar beschämt von hinten über die Schläfen, sie öffnete das Hemd und entblößte ihre Brust. Der barfüßige Junge sah wieder auf die Hände der Frau. Die Hände waren leer. Sie waren immer leer gewesen. Und er schaute sie immer nur an. Die Frau legte dem Jungen die Hände an die Schläfen und zog ihn zu sich heran …

Und plötzlich klingelte das Telefon.

2

Fünf Uhr nachmittags

Kerâmat nahm den Hörer ab, es war Mostafâ, der sagte: «Âgh Kerâmat, sie hat endlich geredet.»

Er tat das in einer Weise, die deutlich machen sollte, was für eine schwierige Aufgabe sie vollbracht hätten. Kerâmat fragte: «Wer?»

Nach Mostafâs Meinung lag das auf der Hand: «Na, mein spezielles Objekt.»

Kerâmat erwiderte: «Gott segne dich!»

Ebendas hatte Mostafâ erwartet. So brummte er nur zustimmend und schwieg anschließend.

Kerâmat forschte nach: «Was hat sie gesagt?»

Mostafâ entgegnete: «Namen, Adressen … sie hat alles gesagt.»

Kerâmat nickte zufrieden, dann wollte er wissen: «Worauf wartest du noch? Schick die Kumpel hin, damit sie … Nein, es ist besser, wenn ich es ihnen selbst sage. Nenn mir mal die Namen und Adressen!»

«Ihr Name ist Schahrsâd Bachtiâri.

«Gib mir auch die Adresse!»

«Schreib auf, Lorsâde-Gasse, gegenüber dem Hammâm Sibâ, Hausnummer vierzehn … Das Mädchen ist höchstens neunzehn. In dem Haus wohnen nur sie und ihre Mutter.»

Kerâmat sagte: «In Ordnung, yâ 'Ali!»

Dann legte er den Hörer auf.

Es wollte kein Ende mit ihnen nehmen. Sechzehn Jahre waren seit der Revolution vergangen, und es waren immer noch welche aktiv … Die Revolution, ja das waren Zeiten gewesen! Damals war für ihn tagsüber ebenso wie nachts mächtig viel los, da ging es hoch her, da gab es was zu sehen. Und weil nachts so viel los war, hatten sie tagsüber keine Lust zu schlafen.

Überall im ganzen Land wurden Kontrollposten errichtet, der Premierminister des Schahs war geflohen, Radio und Fernsehen waren in die Hände der Revolutionäre gefallen. Dies alles war geschehen, und dann wurde plötzlich eine neue Nachricht verbreitet: Es bestand die Gefahr, die sehr ernste Gefahr einer Konterrevolution.

Junge Leute aus den jeweiligen Stadtvierteln organisierten überall an den Straßenkreuzungen Kontrollposten, und nachts standen sie im Wechsel bis zum frühen Morgen Wache, sie beobachteten das Kommen und Gehen und filzten alle vorbeifahrenden Autos. Die halbe Nacht lang fuhr Kerâmat von einem Stadtviertel zum anderen. Er zerkaute Kardamombonbons mit seinen Goldzähnen, schlug den Jungen auf die Schulter, sagte ihnen: «Haltet die Ohren steif!», und plauderte ein bisschen mit ihnen. Und überall hörte man es «Âgh Kerâmat!» rufen; diese Kinder hatten die Revolution gemacht, und solange sich Kerâmat unter ihnen befand, spürte er keinen Groll im Herzen.

Alle aus der Umgebung des Schahs waren entweder geflohen oder getötet worden, oder sie saßen im Gefängnis. Und gerade, als Kerâmat einmal durchatmen wollte, gerade da kam die Nachricht, sie müssten verhindern, dass die jungen Leute irregeführt würden. Kerâmat war tagelang völlig außer sich. Junge Mädchen, fast noch Kinder, mit Zöpfen, standen an den Straßenecken und verkauften kommunistische Zeitschriften oder solche der Volksmodschâhedin. Sie flirteten mit den jungen Männern, und voller Eifer sprachen sie darüber, wie blutgierig der Imperialismus war. Die jungen Männer teilten den Mädchen ihre Erkenntnisse über die heimlichen Beziehungen der revolutionären Regierung zum blutrünstigen Amerika mit, währenddessen schielten sie ständig auf die Brüste der Mädchen, sie bekamen trockene Münder, mussten schlucken und flirteten wieder. Noch nie waren Anstand und Sitte so sehr mit Füßen getreten worden wie jetzt. Kerâmat schritt zur Tat.

Er hatte keine Zeit, lange nachzudenken; er musste sie mit einer ordentlichen Tracht Prügel nach Hause schicken, damit ihre Mütter ihnen die Ohren lang zögen. Ab und zu leistete ein Mädchen Widerstand; sie protestierte: «Wir haben die Revolution gemacht, damit wir uns von niemandem mehr die Sprache der Unterdrückung anhören müssen.» Daraufhin schlug Kerâmat noch einmal zu. Das Mädchen schrie, und Kerâmats Jungs, die jetzt aus allen möglichen Vierteln der Stadt stammten, tauchten auf. Sie sagten: «Âgh Kerâmat, gehen Sie nur, mit diesem Problem werden wir allein fertig.»

Er brach auf, aber ein paar Schritte weiter blieb er stehen, zog sich den Hut ins Gesicht, verschränkte die Arme vor der Brust und beobachtete die Szene.

Die Jungen bildeten einen Kreis um das Mädchen. Einer von ihnen kniff es in die Brust und sagte: «Sieh mal an, ich kann dir was reinstecken, das ist zwanzig Zentimeter lang.»

In diesem Augenblick fing das Mädchen an, aus Leibeskräften zu schreien, sofort drängelte sich eine Menschenmenge in zwei Reihen um sie herum. Die Jungen wichen zurück. Kerâmat schimpfte: «Ihr habt bei Gott keinen Mumm. Als ich so alt war wie ihr, hatte in Tehrun kein Kommunist was zu melden.»

Die Menge zerstreute sich, und das Mädchen nahm seine Tätigkeit wieder auf, aber mit einem Mal erschien Mutter Fachri.

Kerâmat meinte: «Da ist sie ja. Wenn es in Tehrun richtige Männer gibt, dann gehört diese Mutter Fachri dazu. Die hat solche Eier!»

Und um zu zeigen, wie groß ihre Hoden waren, hielt er beide Hände weit auseinander.

Erst ging Mutter Fachri einmal um das Mädchen herum und maß sie mit Blicken. Dann sagte sie in einem mütterlichen Tonfall: «Na, Töchterchen, lass mich doch mal sehen, was in den Zeitungen drinsteht, die du da in der Hand hast.»

Das Mädchen kannte Fachri, die inzwischen eine prominente Gestalt geworden war, und deshalb antwortete sie dieser stirnrunzelnd: «Das geht Sie nichts an.»

Und sie wandte sich von ihr ab. Fachri war noch ganz ruhig. Sie erwiderte: «Na, wen gehn sie denn dann was an? Steht ihr Kommunisten etwa nicht auf der Seite der Armen und Ausgebeuteten? Ich bin auch eine von diesen Armen und Ausgebeuteten.»

Das Mädchen war verärgert, und es wurde noch ärgerlicher: «Bitte geben Sie Ruhe und gehen Sie! Lassen Sie mich meine Arbeit machen.»

Fachri erklärte: «Reg dich nicht auf! Wenn du arbeiten würdest, würdest du jetzt nicht hier rumstehen. Sag mir doch mal, hat deine Mutter eine Ahnung, wo du bist und was du machst? Wenn du jetzt zu Hause sitzen, nähen, sticken und solche Arbeiten machen würdest – was dir sowohl in jener wie in dieser Welt von Nutzen wäre –, würdest du erstens einen Mann finden und zweitens glücklich werden.»

Das Mädchen erhob die Stimme: «Gehen Sie jetzt, meine Dame, und kümmern Sie sich um Ihre eigenen Sachen. Meine persönlichen Angelegenheiten gehen Sie nichts an.»

Fachri entgegnete: «Und wieso gehen dich dann meine persönlichen Angelegenheiten was an? Was hat es mit dir zu tun, dass ich arm und ausgebeutet bin? Ich will arm sein und ausgebeutet werden. Und die Kapitalisten liebe ich.»

Das Mädchen sah sie voller Abscheu an. Fachri wusste, was dieser Blick zu bedeuten hatte, sie sagte: «Diese Kommunisten, nachts musst du mit ihnen schlafen, und tags drücken sie dir einen Stapel Zeitungen in die Hand, und du musst sie auf der Straße verkaufen. Mir nichts, dir nichts machen sie dir einen dicken Bauch, und dann kümmern sie sich einen Dreck um dich. Das sag ich dir um deinetwillen, du Unglückswurm!»

Das Mädchen gab nicht nach: «Sie irregeleitetes Individuum, gehen Sie mir aus den Augen!»

Fachri bekam dieses «Sie irregeleitetes Individuum» immer wieder von jungen Mädchen zu hören, und immer wieder geriet sie dabei in Wut. Sie packte das Mädchen an den Zöpfen und sagte: «So, jetzt zeig ich dir mal, wer von uns beiden irregeleitet ist, du oder ich.»

Und Fachris Hände packten zu, rissen dem Mädchen die Exemplare der Zeitschrift aus der Hand und zerfetzten sie vor seinen Augen.

Das Mädchen protestierte: «Ihr Ausgebeuteten, um euch zu retten, haben wir die Front gewechselt, von der Seite der Reaktion zur Seite der Arbeiterschaft.»

«Wer's glaubt, wird selig! Du bist außer Haus gegangen, um einen Mann zu finden, und dabei bist du diesen Kommunisten in die Hände gefallen; du hast sowohl deine Unschuld verloren als auch deinen Verstand.»

Das Mädchen antwortete ihr voller Zorn und Herablassung: «Was verstehst du denn schon von dem, worüber wir reden, du Söldnerin der Reaktion!»

Das war auch einer von den bekannten Ausdrücken, von denen Fachri zwar die genaue Bedeutung nicht begriff, aber was es auch sein mochte, es brachte sie wieder in Wut, und erneut geriet sie außer sich. Mit geballten Fäusten schlug sie dem Mädchen auf den Schädel. Als es den Mund öffnete, um zu schreien, stieß Kerâmats Rechte zu. Das Mädchen begann, mit ausgeschlagenen Zähnen und blutendem Mund zu weinen. Aufgewühlt holte Fachri ihr Taschentuch heraus und sagte: «Jetzt hat man dir das Maul gestopft. Warum musstest du uns schließlich auch so provozieren, du?»

Und während sie sich ärgerte und ihr Mund und Schädel säuberte, hatte sie gleichzeitig Mitleid mit ihr: «Deine Mutter hat sich für dich abgerackert, um dich so weit zu bringen, es ist doch schade um dich, wenn dich diese Kommunistenferkel befummeln!»

Besorgt meinte sie: «Das Jungfernhäutchen dieser Mädchen muss man behüten – das schwöre ich bei Ab-ol-Fasl, der hat sich für den wahren Glauben die Hände abhacken lassen –, bis sie ihren Ehemännern unberührt ausgehändigt worden sind.» Kerâmat erwiderte: «Nun verwöhn sie mal nicht, Mutter Fachri!»

Dann ging er ein Stück weiter.

Aber es gab auch noch andere Mädchen; welche, die keine Zeitungen verkauften. Sie schminkten sich und trugen keine Kopftücher. Fachri näherte sich ihnen und sprach sie voller Mitleid an: «Nun, Töchterchen, ein Kopftuch wiegt doch wirklich nicht so viel, dass du es nicht tragen kannst. Was passiert denn schon, wenn du dir eins überziehst? Willst du durch solches Benehmen unsere Jungs verführen, die immer in den Puff gegangen sind? Aber jetzt sind die Puffs allesamt zu. Es ist einfach nicht fair, dass ihr die Jungs in Versuchung führt. Glaubst du vielleicht, das wäre Gott wohlgefällig?»

Kerâmat, der das Geschehen aus der Ferne beobachtete, sah sich gezwungen einzugreifen: «Mutter Fachri, die verstehen keine menschliche Sprache, kapiert? Die müssen Dresche kriegen, um anständig zu werden.»

Aber wenn die Strafaktionen von Kerâmat tatsächlich wirksam gewesen wären, brauchte man sie jetzt nach all diesen Jahren nicht immer noch zu verprügeln oder zu töten. Die

Kommunisten, Ungläubige, die nicht beteten, bekamen im Gefängnis statt der fünf täglichen Gebete fünfmal am Tag die Peitsche von Kerâmats Hand.

Bravo, Mostafâ! Die Jungs sind jetzt Meister in ihrem Fach geworden. Aber wer von ihnen hätte es an Schlagkraft mit ihm aufnehmen können? Keiner! Und wie viele Jahre war es her, dass er in der Unterwelt Teherans zu einer Berühmtheit geworden war? Nun? Gab's in Teheran auch nur einen, der sich mit ihm messen konnte?

«Wenn du ein Mann wärest, würdest du ihn mir aus dem Weg räumen. So zahle ich dem Herrn Oberst eine Ablöse. Verstehst du, eine Ablöse!»

Talâ war auf der Treppe hinter ihm hergelaufen. Die Tränen kullerten ihr die Wangen hinab. Sie trommelte mit geschlossenen Fäusten auf Kerâmats breiten Rücken. Dieser drehte sich um. Talâ schrie ihm ins Gesicht: «Wenn du ein Mann wärest …!»

Kerâmat hob die Hände. Die Frau wandte ihr Gesicht ab.

«Wenn das jemand anders sagte, du weißt schon, was ich dann mit ihm machen müsste.»

Denn die Unterwelt Teherans war ein Hort des Mannesmuts, ein Altar der Ehre! Leute wie Hassan, «der Kreisel», «der gestiefelte» Ahmad, Asis, «der Sperber», Tayyeb, Scha'bun «ohne Hirn» …

Talâ sagte: «Ich muss gehen.»

Noch eine Reise. Kerâmat erwiderte nichts. Wo ging sie hin? Er wurde nicht schlau daraus, was für einer Arbeit sie eigentlich nachging. Seine Taktik war es, sie möglichst genau zu beobachten. Er hatte schon vorher gewusst, dass ihm zwei, drei mächtige Rivalen gegenüberstanden. Und kürzlich hatte er gehört, dass man sie 'Alam, dem kaiserlichen Hofminister, gezeigt hatte. Er wusste, dass Seine Majestät große, schlanke, hellhäutige Frauen liebte.

Davor waren Frauen für ihn etwas gewesen wie der Blase-
balg für einen Kupferschmied. Sie dienten nur dazu, die
Glut im Ofen seines Körpers anzufachen ... oder wie ein
Ascheimer dazu, diesen Ofen zu entleeren, damit die erlo-
schene Glut der Seele wieder Feuer fangen konnte. Aber die-
se? Nein; diese war anders! Diese wollte er wirklich und
wahrhaftig. Diese war wie ein Ehrenmann. Sie war ein guter
Kamerad. Ein echter, rechter Freund ohne List und Tücke.
Einmal hatte sie Kerâmat gesagt: «Ich bin genau wie du von
ganz unten hochgekommen. Mich haben sie ausgenutzt.
Aber ich konnte verzeihen, alles verzeihen, und von ganzem
Herzen.»

Das hatte ihr Ruhe und Frieden gebracht. Und einen Augenblick lang machte es Eindruck auf Kerâmat. Er hielt sich
die Hände über die Augen, um die Sonne abzuschirmen;
am ganzen weiten Horizont suchte er nach einem lichten
Punkt, um dort Ruhe zu finden. Er sah keinen. Er wusste nur
eins: Er musste sich rächen, und zwar an allen. An all den
herausgeputzten Frauen, deren hochhackige Schuhe auf
dem Asphalt der Straßen klapperten und die allesamt von
sich behaupteten, vom Scheitel bis zur Sohle keusch und
züchtig zu sein. An allen Männern, die stets nach Kölnisch
Wasser rochen, und wenn Kerâmat genauer über sie nachdachte, hatte er den Verdacht, dass sie sich sogar die Augenbrauen zupften, so sehr war alles an ihnen glatt, gesäubert
und geschniegelt.

Man müsste alle diese Häuser, aus deren Küchenfenstern so
ein verlockender Duft kam, kaputt schlagen ... das Häusermeer von Tehrun, die sich endlos hinziehenden Nachmittage
und ein zwölfjähriger Junge! Ob diese Nachmittage wohl jemals zu Ende gehen würden? Ja, wann würde denn einer von
denen, die frisches Brot nach Hause bringen, seinen knur-
renden Magen bemerken?

Mit leerem Bauch war er an den Mauern entlang durch die Straßen geschlichen. Von dem Geruch, der von heißem Reis ausging, wurde ihm ganz schwindlig. Ob es wohl hinter den Häuserwänden jemanden gab, der ihn zu einer warmen Mahlzeit einladen würde? Mitten in der Nacht weckten ihn die Nachtwächter, die unter den Vordächern der geschlossenen Geschäfte patrouillierten, auf, indem sie ihn mit dem Fuß anstießen. Gab es in dieser riesigen Stadt denn keinen Ort, an dem ein zwölfjähriger Junge ein Auge zumachen konnte? Betrunkene pinkelten ihn in den dunklen Straßen an. Hungrige Hunde schnupperten an seinen Wimpern.

Kerâmat erschrak und sprang verängstigt auf. Er fuhr sich mit der Zunge über die Lippen. Er spürte den salzigen Geschmack von Tränen. Er trommelte mit den Fäusten gegen die Wand. Er stand auf. Vor dem großen Salonspiegel blieb er stehen. Wo war die eindrucksvolle Erscheinung geblieben, die Männer und Frauen unter der Wirkung seines Blicks zittern ließ? Jetzt stand der Besitzer jener feurigen Augen, dessen dichte Brauen und dessen schiefes Lächeln die Frauen einst verrückt zu machen pflegten, mit hängenden Schultern vor dem Spiegel, und ihm war zum Heulen. Weinen und Tränen waren eine weit zurückliegende Erinnerung. Das Gefühl der Einsamkeit und des Fremdseins auch? … Nein, das begleitete ihn schon lange. Er wollte nicht daran denken, und weil er es nicht wollte, lief die Vergangenheit deutlicher denn je vor seinem inneren Auge ab – wie die Bilder eines Films auf der Leinwand: das laute Lachen von Scha'bun und der Geruch von seinem eigenen verbrannten, fetten, nackten Fleisch. Scha'bun hatte ihn gebrandmarkt, damit er nie vergäße, wer ihn aus der Gosse geholt hatte. Dann wieder jener halb verrückte Mann – sein Vater? –, der im prallen Sonnenlicht die Nähte seiner Hose nach Läusen abgesucht hatte.

Der zwölfjährige Junge war von zu Hause abgehauen. Die Soldaten warfen ihre Gewehre an den Straßenrand und flohen. Überall war die Rede davon, mit welcher Geschwindigkeit die russischen und englischen Soldaten nach Tehrun vorrückten. Die Menschen rotteten sich entweder vor den Bäckereien zusammen, oder sie liefen ziellos hin und her und stoben wie zu Beginn eines Wolkenbruchs in alle Richtungen auseinander.

Tehrun war ein riesiges Häusermeer. Dort gab es die Lâlesâr-Straße und unverschleierte Frauen. Es gab den Bahâresstan-Platz und Cafés mit Restaurationsbetrieb. Es gab Kinos und den Tupchâne-Platz. Es gab den Stadtpark und den Bahnhof, und man konnte sich verlaufen; er kannte niemanden. Nur Habib und seine Fleischerei! Habib stellte ihn ein.

Talâ hatte ihm mitgeteilt: «Diese Reise wird etwas länger dauern.»

Kerâmat fragte: «Und was soll ich machen?»

Er sagte es so, dass beiden die Tränen kamen. Am nächsten Morgen gingen sie zum Notar, eines der Häuser in einem Villenviertel im Norden Teherans wurde auf seinen Namen überschrieben.

In der Nacht fand Kerâmat keine Ruhe. Talâ dagegen schlummerte im Mondschein friedlich und unschuldig wie ein Engel. Kerâmat richtete sich immer wieder auf und betrachtete die schlafende Frau. Aus ihren halb geöffneten Lippen kam der stetige Strom ihres Atems wie Kringel aus einem Räuchergefäß. Als ihm gegen Morgen endlich auch die Augen zufielen, sah er im Traum seine Mutter. In einer endlosen Einöde ohne Wasser und ohne irgendeine Behausung hatte sie Kerâmat auf einen Stein gesetzt und war fortgegangen. Die Angst hatte ihn gepackt. Er hatte nach seiner Mutter gerufen. Er schaffte es nicht, aufzustehen und hinter ihr herzulaufen. Als ob ihn dort jemand festgenagelt hätte. Auf halbem Wege drehte sich seine Mutter für einen Augenblick um. Sie war jung und schön. Verzweifelt rief er noch einmal nach ihr und wachte auf.

Talâ hatte sich aufgerichtet und sah ihn an. Sie sagte: «Du hast geträumt.»

Kerâmat drehte sich auf die andere Seite, zog die Beine an den Bauch und führte den Daumen zum Mund. Talâ zog ihm einen Deckenzipfel von der Stirn, während er noch am Daumen lutschte.

Sie sagte zu ihm: «Du hast mich die ganze Zeit über gerufen.»

Der nächste Tag war der Termin der Abreise. Talâ bat ihn: «Schau mich doch nicht so an! In sechs Monaten komm ich zurück.»

Kerâmat erwiderte nur: «Schließlich …! Du weißt!»

Talâ drückte einen Kuss auf ihren Zeigefinger und legte ihm den auf die Lippen. Kerâmat sah die rot geweinten Augen der Frau und verstummte.

Talâ schlug die Wagentür zu, der Chauffeur fuhr los, Kerâmats letzter Blick blieb unbeantwortet.

Sechs Monate vergingen. Natürlich rief sie gelegentlich an. Aber sie gab Kerâmat keine Telefonnummer. Sie erklärte: «Ich habe keine feste Bleibe.»

«Wie ist denn so was möglich?»

«Schrei mich nicht so an. Es liegt doch nicht in meiner Macht, das zu ändern!»

«Und wann kommst du wieder?»

«Wann? … weiß ich nicht.»

Aus sechs Monaten wurde ein Jahr. Kerâmat fühlte sich allein. Es gab keine Frau mehr, die die Glut seines Körpers entfachte. Abends kehrte er müde, niedergeschlagen und einsam nach Hause zurück. Unterwegs nahm er zwei, drei Portionen Kebâb mit und zwei drei Stängel Gewürzkräuter.

Er machte sich Zaziki zurecht und trank ein paar Schlucke Arak dazu. Er hatte sich auch einen Liebesvogel gekauft. Den Rest des Abends verbrachte er mit Tränen in den Augen neben dem Käfig und schwatzte mit ihm. Das hatte er in einem der Filme gelernt, die er sich angeschaut hatte.

Er war allein. Sollte er jemanden fragen? Einen der Männer auf den rauschenden Festen? Nein; er gehörte nicht zu dieser Sorte Mensch, er war keiner von denen, die sich den Arsch mit parfumiertem Toilettenpapier abwischten. Das waren Dichter und Schriftsteller, Ärzte und Ingenieure, Maler und Musiker, Schauspieler und Fußballer, Piloten und Sänger, Universitätsprofessoren und Journalisten, Kaufleute, Fabrikbesitzer und Leute, deren Snobismus alles in den Schatten stellte.

Die konnten mit Europäern ausländisch sprechen. Sie hatten Beziehungen zum Savak und zum Hof, und ihr Vater oder Urgroßvater war ein Oberst. Mit weißen Strümpfen, wie sie Frauen trugen, spielten sie Tennis, im Swimmingpool lagen sie mit einer Brille auf der Nase auf Luftmatratzen (wenn er sich nicht irrte, hießen diese Brillen «Ray Ban», ob das was mit der Bahn zu der alten persischen Stadt Ray zu tun hatte?). Sie aßen Krebse und Kaviar*, und nach dem Bad rieben sie sich den Körper mit Bodymilk ein. Und diese Weichlinge blieben bloß so lange im kalten Wasser ihres Saunabeckens, dass man gerade mal bis drei zählen konnte. Sie küssten Frauen vor den Augen ihrer Ehemänner auf die Wange, sie gingen auf Kotelett-Partys, tranken Kaputt-Schino- und Express-Kaffee, stopften ihre Pfeife mit ausländischem Tabak, trugen Netzhemden, und wie Frauen hielten sie beim Niesen die Hand vor den Mund. Statt großer, bunter Taschentücher, in die man sich richtig die Nase schnauben kann, führten sie

___

* Beides gilt nach den islamischen Speisegesetzen als unrein.

feine, weiße Tücher mit, und dann hatten sie auch noch solche, die nur so groß wie eine Handfläche waren, oben an der Brust in einer kleinen Tasche stecken ... einfach alles an ihnen machte, dass ihm richtiggehend schlecht wurde. Die dieser Nation eigene Männlichkeit verlor sich unter dem Druck der weibischen Verhaltensweise dieser Männer, der teuren Parfums und Puder, der Juwelen und der europäischen Gerichte, der ausländischen Sprachen und der Steaks, die man nur mit Messer und Gabel essen konnte, der kurzen Röcke und eng anliegenden Hosen, der Universitäten, Buchhandlungen und Galerien, kurz und gut unter dem Druck der Allüren der Tehruner immer mehr, und sie verweichlichte. Die Teehäuser, die traditionellen Sportstätten und die Opiumhöhlen hatten dem Cabaret Lido, der Skipiste von Disin und dem Bowling 'Abdu Platz gemacht. Der Laden des Tuchhändlers Maschdi Habib war einem Geschäft von «Charles Jourdan» gewichen. An die Stelle von Mannesmut war Dandytum getreten. Statt eines Rittes auf dem Esel am Flussufer entlang und der sauberen dörflichen Tennen gab es nun Gestank und Getöse von ratternden Autos in den Straßen der Stadt.

Das ... Das alles war verschwunden, das alles war vor Kerâmats Tatendrang und der Kultiviertheit der Tehruner verschwunden und stattdessen ... Voller Hass schloss er die Augen.

Die Männer tauchten ein letztes Mal auf, und dann nahm er den Geruch von Kölnisch Wasser wahr, er sah den englischen Unteroffizier vor sich, der mit einem Geldschein zwischen zwei Fingern wedelte. Der Geruch von Kölnisch Wasser erinnerte ihn immer an den englischen Unteroffizier. Ein Geruch, den er vielleicht in jener Nacht zum ersten Mal verspürt hatte. Und dann der Geruch von verbranntem Fleisch. Er schlug sich mit der Faust gegen die Innenfläche der anderen Hand und brüllte: «Ich schlage sie alle zusammen, das schwöre ich bei diesem Licht, allesamt!»

Bei der Islamischen Revolution hatte er sich selbstverständlich an diesen Eid gehalten.

Die Tehruner! ... Er hasste sie alle. Wie Frauen zogen sie allesamt kurze Unterhosen an, hatten lange Haare, trugen am Körper anliegende Hosen und eng geschnittene Hemden mit Blumenmustern. Das waren alles warme Brüder.

Weil die Männer von Tehrun solche Schlappschwänze waren, liefen so viele Frauen in der Lalesâr-Straße und der Berlin-Gasse, den Einkaufszentren der modernen Teheranerinnen, herum. Die hochhackigen Schuhe der Frauen von Tehrun machten «klapp, klapp». Ihre Büstenhalter zeichneten sich unter der Bluse ab. Wenn sie gingen, bewegten sich ihre Pobacken über dem Bürgersteig hin und her wie die Ladung eines Maultiers, und in den Hundstagen stieg aus den Falten ihrer Röcke und unter ihren Achseln ein Geruch auf, der die Männer verrückt machte. Verwirrt und verstört bestaunten die Provinzler diesen Markt der Eitelkeiten. Da konnte man nichts machen; außer, den Kampf aufzunehmen. Die Jungen aus der Provinz mit ihrer Mannhaftigkeit, ihrem Wagemut, ihrer Gewitztheit, ihrem Ehrgefühl; hoch lebe die Jugend aus der Provinz!

Sie waren überall, vor allem am Stadtrand von Tehrun. Tehrun hatte die Ausdehnung eines weiten Meeres. Es hatte Tausende von asphaltierten Straßen, Hunderte von Plätzen mit Blumenbeeten, Springbrunnen und Statuen. In den Provinzstädten gab es immer nur eine Pahlawi-Straße und einen Platz des 6. Bahman. Es war zwar unmöglich, alle diese Straßen und Plätze in den Provinzstädten zu bauen, aber man konnte die in Tehrun kaputt machen.

Die Plätze von Tehrun waren voller Standbilder von nackten Mädchen, die Flügel an den Schultern hatten; aus ihrem Mund floss Wasser, und sie hielten Fackeln in der Hand. Eins von ihnen ritt auf einem Wal, eins auf einem großen Fisch, und eins saß auf einem Felsblock.

Die Straßen dagegen waren voll von Leuchtreklamen; Leuchtreklamen von Coca-Cola, Leuchtreklamen einer Frau mit ausladendem Hintern und üppigen Brüsten, Leuchtreklamen einer Eissorte, die blinkte wie Sterne, Leuchtreklamen von Meerwasser mit seltsamen Tieren, die Delfine hießen, Leuchtreklamen über dem Eingang von Kinos, aber am interessantesten von allen war eine, von der unaufhörlich glänzende, schneeweiße Teilchen herabrieselten, vom Einbruch der Dämmerung bis zum Morgengrauen.

Auf den Plätzen gingen abends bunte Lichter an, und dort sprudelten Springbrunnen. Die Kinder liefen auf den Rasenflächen herum und knackten Nüsse. In der ersten Abendkühle und in den menschenleeren Ecken der Plätze bekamen die Jungs aus der Provinz unter dem Ansturm eines plötzlichen Begehrens, vom Geruch von Wasser und Gras, vom Anblick der nackten Beine weiblicher Filmstars und sogar der Porträts der Kaiserin mit ihrem langen, schlanken Hals einen Ständer, und ein paar Augenblicke danach floss eine zähe Flüssigkeit an den Statuen herab, die Hosen der Jungs wurden vorne feucht, und sie fühlten sich auf einmal erleichtert.

Eine Stunde später strichen sie, ein Brottuch unter dem Arm, auf der Suche nach einem Ort zum Schlafen und zum Pinkeln um die Straßenecken, und am nächsten Morgen zerrissen sie sich am Rand der Plätze bei dem Versuch, auf die Lastwagen* zu klettern, die zu den Baustellen fuhren, gegenseitig die Hemden. Diejenigen, die zurückblieben, verbrachten den ganzen Tag damit, am Rand der Straßengräben ihre Risse zu flicken. Tehrun füllte sich mit dem Geruch von Schmutz und Schweiß.

Aber andererseits waren auch alle Abgeordneten, Minister und Generäle Leute aus der Provinz. Der Vater des Schahs

---

* Morgens pflegten diese Lastwagen Arbeitssuchende als Tagelöhner aufzusammeln und zu Baustellen zu bringen.

stammte aus Sawâdkuh, Howeydâ aus Wolkenkuckucksheim. 'Alam stammte aus Birdschand, die Mutter des Schahs aus Ssuhanak. Was hatten die Tehruner schon zu bieten? Nur Angeberei! «Brot» nannten sie nicht «nân», sondern «nun», und für «mein Lieber» sagten sie nicht «dschân», sondern «dschun». Statt «kân» (Mine) sagten sie «kun» (Arsch). Aber das ist noch nicht alles. Zu «tschub» (Holz) sagten sie «tschugh», zu «dschub» (wasserführender Straßengraben) «dschugh» und zu «bub» (Teppich) «bugh» (Hupe).

Und trotzdem wollten alle wie die Tehruner sprechen.

Frühmorgens weckten die Straßenfeger, die selbst erst ein paar Jahre davor in Tehrun angekommen waren, ihre Landsleute aus der Provinz auf, und mit Besen und Schaufeln beseitigten sie, ein Tuch unter der Nase, die Überreste der vergangenen Nacht, Klumpen von Scheiße, von bernsteingelb bis granatapfelrot, hinter den Bäumen an der Straße und aus den Rinnsteinen.

Die Neuankömmlinge pflegten, bis sie gelernt hatten, sich in dieser großen Stadt als Händler durchzuschlagen, Freundschaft mit Polizisten und Bettlern und holten aus ihren Taschen Plätzchen und Trockenobst für sie.

In Tehrun wurden Überführungen gebaut und Tunnel in die Erde gegraben. Mit Rücksicht auf die Notdurft der Anwohner wurden öffentliche Toiletten aufgestellt. Die Verkehrspolizei verteilte an die Autofahrer farbige Bonbons, und im Übrigen war alles voll von Automobilen heimischer Produktion. Gegen Abend waren alle Straßenkreuzungen verstopft, und ein dauerndes Gehupe erhob sich über Tehrun.

Jeden Tag gab es ein Fest. Man feierte die Befreiung der Provinz Aserbaidschan aus den Klauen der Kommunisten, die im Solde der Sowjetunion standen, die Erhebung des Volkes gegen den Verräter Mossaddegh, «die Revolution des Schahs und des Volkes», die der Ausgangspunkt für eine Landreform, eine Alphabetisierungskampagne und die Einführung des Frauenwahlrechts wurde, das zweitausendfünf-hundertjährige Bestehen der Monarchie, das fünfzigjährige Jubiläum der Pahlawi-Dynastie … und jeden x-beliebigen Quatsch, man feierte … Tehrun ertrank in einem Meer von Fotos Seiner Majestät und dreifarbigen Fahnen. Das lieferte Radio, Fernsehen und Zeitungen genug neuen Stoff für eine Woche. Das Fernsehen kam danach selbstredend nicht zur Ruhe, ein Kanal für Ausländer wurde neu eingerichtet, ein Kanal für die zugewanderten Dörfler mit einer Serie über ei-nen halb verrückten Bauern und ein Kanal für die Tehruner, damit sie sich amerikanische Filme ansehen konnten.

Bei dem Ansturm der Zuwanderer reichte der Grund und Boden von Tehrun nicht mehr aus, um genügend Sickergru-ben für die Toiletten zu graben. Die Abflüsse dieser Gruben verbanden sich unter der Erde miteinander, und Tehrun schwamm auf einem See von Scheiße. Dieser verborgene See schwappte bei jeder Erschütterung in Richtung des Som-merpalastes des Schahs über.

Der Schah drehte, den Daumen in der kleinen Tasche seines Jacketts, mithilfe der Erdölkonzerne an Bord einer amerikanischen Hovercraft einen Film über den Aufstieg einer großen Zivilisation. Der Film begann mit einer Son-et-lumière-Aufführung in den Ruinen von Persepolis zu den Klängen einer Symphonie von André Castello. Auf einmal stand der Schah in voller Größe vor der Kamera. Er verspot-tete die Abendländler, indem er ihnen sagte: «O ihr Blauäugi-gen!» Er kokettierte mit den Chinesen, und um die Europäer auf die Palme zu bringen, besichtigten er selbst, seine Frau und sein Premierminister Peking; mit einem Lächeln stiegen sie die Stufen vom Flugzeug hinab, um von einem mandel-äugigen chinesischen Mädchen einen weißen Blumenstrauß als Geschenk entgegenzunehmen. Manchmal forderte der Schah die Abendländler gütig auf, ihren Lebensstil zu än-dern. Aber sie hörten nicht auf ihn. (Den Leuten aus der Provinz dagegen blieb später, im Februar 1979, notgedrungen gar nichts anderes übrig.) Der Film enthielt auch eine Rückblende auf die Jugendzeit des Schahs: Als er beinahe vom Pferd gefallen wäre und die leuchtende Hand eines Heiligen ihn zwischen Himmel und Erde am Gürtel festhielt.

Die Kaiserin war eine Mystikerin. Manchmal trug sie einen schwarzen Spitzenschleier auf dem Kopf, an Heiligengräbern und vor den Kameras des staatlichen Fernsehens senkte sie den Kopf wie eine Mutter von Verstorbenen und sprach ein Gebet. Dazu kamen der Glanz von Spiegelscherben, goldene Kuppeln vor dem Hintergrund eines azurblauen Himmels und flügelschlagende Tauben. In diesen Augenblicken glich sie einem schutzlosen Mädchen, das gerade durch einen edelmütigen Ritter aus den Klauen eines teuflischen Rabauken gerettet worden ist. Trotz alledem bestand sie darauf, Iran in großem Tempo zu modernisieren, deswegen lud sie ein Avantgarde-Theater mit dem Stück «Das Schwein, das Kind und das Feuer»* ein, das im Schaufenster eines Ladens aufgeführt wurde, eine ungarische Produktion, die mit Gewalt- und Bettszenen gewürzt war.

Prominente Ausländer, die alle mit Limousinen dorthin gefahren wurden, betraten den Laden und nahmen auf Stühlen Platz, die heftige Reaktion der Passanten auf der Straße war Teil des Spektakels!

Zu Anfang begann ein Mann in dem Schaufenster die Bibel zu lesen, dann traten eine Frau und ein Mann ein und nahmen unverzüglich das Liebesspiel auf, aber sie taten nicht nur so, der Mann und die Frau begatteten sich wirklich und wahrhaftig.

Die Leute am Rande der Straße rieben sich die Augen, sie gingen näher an das Schaufenster des Ladens heran und tra-

* Es wurde 1977 auf dem Schiraser Kunstfestival aufgeführt und provozierte wegen unmoralischer Szenen den Protest religiöser Institutionen.

ten wieder zurück; sie fragten sich, ob sie träumten. Eine dicht gedrängte Masse versammelte sich dort. Einige klatschten und pfiffen, sie waren einem Samenerguss nahe, das konnte man den Gesichtern der Männer ansehen, einer warf mit Ziegelbrocken. Kaum fiel die Schaufensterscheibe in Scherben, da flohen die Ehrengäste, die gekommen waren, auch schon. Polizisten rückten an.

Die Menschenmenge versuchte davonzulaufen. Eine beträchtliche Anzahl fiel ins Wasser der Straßengräben, andere suchten Schutz in den Läden und Häusern der Umgebung. Diejenigen, die zunächst noch am Ort des Geschehens zurückgeblieben waren, warfen auf der Flucht den Karren eines Straßenhändlers um, der dort herumgefahren war, sie zerbrachen einige Glasscheiben und steckten ein paar alte Autoreifen in Brand. Man weiß nicht, von wem er ausging und woher er kam, aber plötzlich erscholl in diesem Getümmel der Ruf: «Tod dem Schah!»

Niemand war es seinerzeit gewohnt, solche Rufe zu hören, aber als ob alle nur darauf gewartet hätten, griffen sie die Parole auf. Der Anführer der Polizeitruppe bekam vor Schreck beinahe einen Herzschlag, er schoss zur Warnung in die Luft. Als die Menschen den Schuss hörten, strömten sie auf die Gehwege, und wie ein Lauffeuer verbreitete sich die Nachricht von dem, was im Schaufenster jenes Ladens geschehen war. Nun loderte die ganze Stadt vor Zorn.

Am Abend war im überdachten Teil der größten Moschee der Stadt kein Platz mehr zu finden, um sich niederzusetzen. Der Vorbeter begann über die Wüste bei Kerbelâ zu sprechen, er erwähnte den Gehorsam des Propheten Noah, verfluchte Yasid, und dann riss er sich auf dem Höhepunkt der Erregung plötzlich seinen Turban vom Kopf und warf ihn auf den Boden. Die Menschen zitterten vor Erschütterung, jemand brach in lautes Schluchzen aus, die Versammlung glich einem Pulverfass, es bedurfte nur noch eines Funkens.

Howeydâ, der unterwürfige Premierminister des Schahs, stets mit einem Spazierstock, der Pfeife im Mund und einer Orchidee im Knopfloch, spielte in einem anderen Film mit. Die Arbeiter, die Frauen und die Studenten ebenso. Die Guerillakämpfer dagegen machten keine Filme, sie waren Anhänger des Straßentheaters. Sie traten mit Kleinkalibergewehren auf und töteten einen amerikanischen Militärberater sowie einen Oberst des Savaks. Sie griffen Banken an, und schließlich sprengten sie auch noch das Büro der Illustrierten «In hafte», die Bilder nackter Frauen veröffentlichte, in die Luft.

Die Konföderation kämpfender Studenten im Ausland drehte einen Film über das Âryâmehr-Museum und zeigte darin brasilianische Foltermethoden und ein Sammelsurium an Folterinstrumenten: Zangen zum Ausreißen von Fingernägeln, Helme, die immer enger zusammengedrückt werden, Peitschen, die nach dem Niedersausen die Haut in Fetzen vom Körper reißen, Sägen zum Amputieren der Füße und, am erstaunlichsten von allem, Granaten, die man den Gefangenen in den After steckte, um sie dort explodieren zu lassen. Dieser verbotene Film bezog auch die Armenviertel ein, die untersten Tiefen der Stadt, er zeigte die barfüßige Bevölkerung. Rotznasen steckten sich ein Stück trockenes Brot in den Mund. Frauen mit dicken Bäuchen zogen sich in den Schutz der Mauern zurück, Männer hockten in Gruppen im Schatten, tranken starken Tee, kauften und verkauften Diebesgut und schmiedeten Pläne für Verbrechen. So war die Lage der Leute, die über einem Meer von Erdöl lebten.

In Tehrun machte jeder seinen eigenen Kitschfilm, und die Jungen aus der Provinz dienten gegen ein niedriges, schwarzes Handgeld als Hilfstruppen dieser Filme. An der Oberfläche des verborgenen Sees platzte eine Blase nach der anderen, und giftige Gase hingen wie ein düsterer Schirm am Himmel über der Stadt.

Die Titelblätter, aber auch die übrigen Seiten der Illustrierten und der Zeitungen reichten kaum aus, damit die Leute mit glasigen Augen und herabhängenden Lippen die Bilder aller von ihnen geliebten Stars anschauen konnten. Dazu kamen noch Bilder von Töpfen mit Fleischbrühe, flügelschlagenden Tauben, Kupfertrinkbechern von Brunnenhäuschen, langen Prozessionen im Trauermonat Moharram, bluttriefenden Messern, Melonen aus schwarzem Filz und einer Frau, die mit nackten Schultern und zerrissenem Kleid zum Ende einer Gasse rannte. All das machte die Reize und die Probleme einer Stadt aus.

Andererseits boomte Tehrun. Der Schah beschäftigte alle Welt. Der Anteil der Arbeitslosen lag nahe bei null. Diese Rate war, bevor die Pahlawi-Dynastie an die Macht kam, fast hundert Prozent gewesen. Nun war niemand mehr arbeitslos. Die Barbiere waren alle aus Rascht, die Masseure in den Dampfbädern alle aus Mâsanderân. Die Leute aus Ssabsawâr arbeiteten auf dem Bau. Die Kâschâner waren samt und sonders im Teppichhandel tätig, die Kermâner vertickten Opium, die Âbâdâner verkauften Erdöl (sie verdienten damit mehr als alle anderen), die Leute aus Malâyer machten Geschäfte mit Sirup und Weintrauben, die aus Isfahan mit weißem Nougat, solche aus Ghom mit Leichentüchern; und die Zigeuner? Sie machten Feuer. Der Basar war in der Hand der turksprachigen Iraner, die Stadtreinigung und die Artillerie ebenso. Die Hamadâner vertrieben Leder, diejenigen, die aus Schabestar kamen, die rauen Badehandschuhe zum Abreiben des Körpers, die aus Rafssandschân Zugewanderten Hosenbundkordeln, die aus Bodschnurd Strumpfbänder. Die Menschen aus Arâk orakelten, die von Mahallât lasen aus der Hand, die Ghaswiner liebten es, fromme Sprüche zu zitieren (natürlich zitierten sie auch Knaben zum Lieben). Die Warâminer ließen Tauben in die Luft aufsteigen, und manche aus Ghom machten andere Luftnummern. Die Kurden rackerten sich mit Leib und Seele die Seele aus dem Leib, die Zuwanderer zogen Wasserkanäle. Die Nomaden gaben alles, und die Leute aus Kermânschâh gaben die Edelmänner. Die mittellosen Teheraner boten an den Straßenkreuzungen Leber-Kebâb feil oder überlebten durch den Verkauf von Wasser für rituelle Waschungen an der Schah-Moschee (natürlich taten sie das auch für die Toten).

Der Schah verkaufte Erdöl und seine Zwillingsschwester Heroin; natürlich unterschieden sich die Waren, die Iran in die verschiedenen Länder exportierte: Tide und Biskuit nach Kuwait, Plastiksandalen nach Dubai, Ziegenfett und Hundedärme nach Pakistan, Erdöl nach Amerika. Haselnüsse und Luftblasen in die UdSSR. Nägel von Toten und spitze Schreie von Frauen nach Polen. Menschliche Ausscheidungen nach Israel (dessen Landwirte machten viel Aufhebens davon; sie pfropften Mandarinen auf Wassermelonen), Kaviar nach Frankreich, Teppiche nach England, Vorbeter in den Libanon, Soldaten nach Oman, Mullahs in den Vatikan, Mörder in den Irak, den Dung von Eselinnen in die Tschechoslowakei, Antiquitäten in die ganze Welt.

Eingeführt wurde natürlich auch nicht wenig: AWACS und Marschflugkörper aus Amerika, Chauffeure aus Korea und Pakistan, Hausmädchen von den Philippinen, Nachtklubtänzerinnen aus Ägypten und dem Libanon, Leichen und Ärzte aus Indien, Clowns aus Griechenland, Militärexperten wiederum aus Amerika, Untergrundkämpfer aus Palästina, Kommunisten aus Kuba, Geistliche aus Nadschaf, Filmschauspieler und Sänger aus der Türkei.

Jede Ecke Tehruns hatte etwas anderes zu bieten. Wenn man Schuhe suchte, musste man in die Gasse am Ssepahssâlâr-Garten gehen, für Wolle zum Stricken an die Hassanâbâd-Kreuzung, Schlägertypen fand man am Tschâle-Platz, Rowdys im Pâmenâr-Viertel und Frauen mit Akzenten und Dialekten aller Art, die nah und fern im Reich Seiner Majestät zu hören waren, in den Freudenhäusern von Schahr-e nou. Nur die Amerikaner waren überall, in den Hotels, in den Restaurants, den Cabarets und Kasinos ... überall.

Tehrun war das Zentrum seltsamer Aktivitäten, der Mittelpunkt erstaunlicher Handlungen geworden. So wurden zum Beispiel Auberginen in Büchsen getan und dann verkauft, sogar Fleisch- und Gemüsegerichte sowie Milch, und unter dem Namen Schulspeisung bekamen die Schulkinder Käse in die Hand gedrückt, der Feuer fing, wenn man ein Streichholz daran hielt. Es ging das Gerücht, dass der Schah Petroleum daruntermischen ließ. Das Land war zum Jammertal geworden, so war die Lage am Nabel der Welt des Islams.

Kerâmat ging zum Telefon und wählte die Nummer von Ewin.

3

Sechs Uhr abends

54   Kerâmat legte den Hörer auf die Gabel, behielt ihn jedoch weiter in der Hand. Etwas lag in der Luft, er spürte es, aber er wusste nicht, was. Die Atmosphäre war mit Spannung aufgeladen, vielleicht kam das von der Stille; wie dem auch sei, das war er nicht gewohnt. Er drehte sich hin und her, so als versuchte er mit aller Macht, sie abzuschütteln. Dann stand er auf.

Er ging aus dem Schlafzimmer in den Salon und starrte von dort durch die mannshohen Scheiben in den halbdunklen Garten. Zwischen den kahlen Ästen hörte er ein unterdrücktes Schluchzen, in dem Furcht, Hoffnungslosigkeit und Kälte anklangen. Er schaltete die Lichter im Garten an. Die farbigen Lampen in geringer Höhe leuchteten die dunklen Winkel nur unzureichend aus. Das verstärkte seine Unruhe noch. Verächtlich fuhr er sich mit der Hand ans Geschlechtsteil und grinste hämisch. Dann drehte er dem Fenster den Rücken zu.

Er ging aus dem Salon in die Küche, aus der Küche in die Garage und aus der Garage in die Eingangshalle. Er war in einem verschlossenen Haus, und das gab ihm ein gutes Gefühl. Der weite, grenzenlose Raum hinter der Tür flößte ihm Angst ein. Sein ganzes Leben lang war er auf der Suche nach einem überschaubaren, sicheren Ort gewesen. Die Tür war zu, jawohl, und der Kasten stand dort auf dem Tisch, die Fotos lagen drum herum verstreut.

Einen Augenblick lang war er davon überzeugt, dass alles mit diesen Fotos, mit diesen Erinnerungen zu tun hatte. Schnell sammelte er die Bilder ein und band die Schleife von vorher wieder darum.

Als sein Sohn auf die Welt gekommen war, hatte er Ghontsche die Fotos gegeben und gesagt: «Die brauch ich nicht mehr, mach damit, was du willst. Wenn du willst, kannst du sie behalten; wenn nicht, wirf sie weg.»

Als Yâsser zur Welt kam, dachte er, die Vergangenheit spielt jetzt keine Rolle mehr. Er sah in seinem Sohn eine Fortsetzung von sich selbst. Solange es seinen Sohn gab, war dieser ein deutliches Zeichen von dem, was vorangegangen war. War er selber auch so ein Zeichen – von dem, was vorher da gewesen war? Er hatte keine Ahnung.

Er klappte den Deckel des Kastens zu und nahm ihn unter den Arm. Doch dann tat er keinen Schritt, sondern blieb zögernd stehen. Von dem, was er unter dem Arm hielt, ging ein angenehmes Gefühl aus, dem ähnlich, das er verspürte, wenn er seinen Sohn auf den Arm nahm. Er brachte den Kasten nicht wieder auf den Speicher. Er ging ins Zimmer und setzte sich in einen Sessel. Den Kasten behielt er auf dem Schoß. Er hatte das Gefühl, dass in diesem großen Haus, ja vielleicht sogar auf der ganzen Welt, dieser Holzkasten das Einzige war, was wirklich ihm gehörte. Vielleicht enthielt er sein ganzes Leben.

Sobald er sich gesetzt hatte, schaltete er den Fernseher an. Er zappte zwischen den Kanälen hin und her, schließlich gab er auf und schaltete ihn wieder aus. War irgendetwas, was diese Fernsehprogramme zeigten, im Vergleich zu dem, was er von der Welt gesehen hatte, von Belang? Unvermittelt spürte er, wie eine Hochstimmung, eine Art Energie – eine erstaunliche, neue Kraft –, aus seinen Handflächen in den ganzen Körper strömte. Er schaute seine Hände an, zwischen denen immer noch der Kasten lag, und war davon überzeugt, dass alles in diesem kleinen hölzernen Behältnis enthalten war, eine kurz gefasste, illustrierte Geschichte eines ganzen Lebens, einer ganzen Stadt!

Teheran war bunt, voller Leuchtreklamen von Kinos und Schaufenstern. Die Farben lösten sich wie eine ölige Flüssigkeit von allen Gegenständen, gerieten Schicht um Schicht in Bewegung und überzogen die Stadt samt allen ihren Höhen und Tiefen, allen ihren dunklen oder hellen Winkeln. Eine Stadt, die für ihn zunächst nur aus den Schluchten der durch Kerzen beleuchteten Gassen bestanden hatte, auf die dann Habibs Fleischerei und die Erziehungsanstalt gefolgt waren, und die der junge Kerâmat nun Stück für Stück kennengelernt hatte. Er ging über Straßen und Plätze an Teehäusern und Opiumhöhlen vorbei und kam zu illegalen Treffpunkten: zu öffentlichen Bädern, den beliebtesten Orten für den Verkauf der Körper junger Männer, zu kleinen Märkten, auf denen Diebesgut erworben und verkauft wurde, zu Häusern, wo den Kunden sowohl Arak und Opium als auch Frauen angeboten wurden, zu engen Passagen, Sackgassen, heimlichen Treffpunkten für Verliebte.

Aber etwas, was die Entdeckung Teherans für ihn erst vollkommen machte, waren die Kinos, die Kinos!

Der erste Film, den er sah, war «Ein edelmütiger Schelm». Hassan, «der Draufgänger», der Titelheld, bewies viel Tatkraft, er tötete einen habgierigen, jungen Lüstling und rettete die betrogene Fâti.

Die Wahrung der Ehre durfte man nicht den Schupos überlassen, die hatten nicht den Mumm dafür. Es waren Typen wie dieser Hassan, die die Ärmel hochkrempeln mussten. Der hatte ihm gefallen. Aber Fâti ... Was für eine Schönheit! «Wenn ich Hassan, ‹der Draufgänger›, wäre, würde ich sie mir im Handumdrehen unter den Nagel reißen.» Er stand auf Frauen, in die erste, mit der er geschlafen hatte, hatte er sich sogar verliebt.

Damals hatte Scha'bun auf den Vorhang gezeigt und gesagt: «Sie hat grade erst angefangen, die ist praktisch noch unberührt.» Pari war hinter dem Vorhang vorgekommen. Sie hatte gezittert. Aus den Augenwinkeln hatte sie einen Augenblick zu Kerâmat herübergesehen und auf der Unterlippe gekaut. Nur einen Moment später würde er diese Frau vögeln. Scha'bun hatte abwechselnd Kerâmat und die Frau angeschaut, er hatte dröhnend gelacht und sich dabei mit einem schabenden Geräusch die Brust gekratzt.

Kerâmat hatte sich an den Kinos die Beine in den Bauch gestanden. Er starrte auf die große, bunte Reklametafel am Eingang; ein schwarzer Filzhut und eine Messerspitze, von der Blut troff, ein Mann, der, die Hände in die Hüfte gestemmt, neben dem wassergefüllten Straßengraben umgefallen war, und diese Frau … Eine Frau, die, den Tschâdor in der Hand, mit nackten Schultern und zerrissenem Kleid zum Ende einer Gasse rannte. Vielleicht war jener Schurke, der neben dem Straßengraben lag, über die unschuldige Frau hergefallen! Wer sollte in diesem Lande eine Schandtat verhindern? Er zögerte nicht lange. Er kaufte eine Tüte Nüsse von der besten Sorte und ging hinein. Die Inhaber der berühmten Kinos der Stadt waren sämtlich seine Kumpels geworden. Er brauchte keine Eintrittskarten zu lösen. Er sah sich alle Filme an.

Manchmal schwankte er. Sollte er jetzt in diesen oder jenen Film gehen? Über dem Kino hing ein großes Plakat. Zwei grell geschminkte Frauen mit zurückgeschlagenem Schleier fragten unter einer Arkade bei einem Tuchhändler nach dem Preis von Seide oder Samt. Etwas weiter entfernt betrachtete ein hilfsbereiter, ritterlicher Held, vom ganzen Viertel verehrt und bewundert, auf den Knien und mit einer Sorgenfalte auf der Stirn, einen zweischneidigen Dolch, der bis zum Heft im

Boden steckte. Im Hintergrund zogen der Polizeihauptmann und seine Leute vorbei, mit Schaftstiefeln, Säbeln und hochgezwirbeltem Schnurrbart. In diesen Filmen gehörten Ehre, Mut und Kraft immer zusammen, und er sah sie alle; sie hießen: «Der Draufgänger», «Der Qalandar», «Der Ehrenmann», «Ein Funken Ehrgefühl», «Goldene Fersen», «Der Heißsporn und die Tänzerin» ... Er sah sie allesamt.

Er liebte Fardin. Besonders, wenn er über dem Zipfel des Esstuchs eine Zwiebel in der Faust zerquetschte oder wenn er, ehe man sich's versah, allein einen ganzen Eintopf verputzte. Wenn er gegenüber einem Ehrlosen im Café das Oberste zuunterst kehrte oder sich zu guter Letzt die Jacke auszog, sie einer leicht bekleideten Frau zuwarf und, den Blick dezent zur Wand gerichtet, sagte: «Komm Schwester, zieh sie dir über!» In einem solchen Augenblick konnte Kerâmat vor Begeisterung atemlos mitten im dunklen Saal des Kinos aufspringen, dann stand er dort, klatschte in die Hände und rief: «Hey Alter, du bist toll!»

Wenn die Filmschauspielerin vor dem Leben einer Liebesdienerin entfloh und, an einer Wand oder einem Baum Zuflucht suchend, schmachtend ein Lied sang, geriet Kerâmat ganz außer sich. Und wenn Fardins Mutter mit grauem Haar und einem altmodischen, weißen Kopftuch, um die baldige glückliche Heimkehr ihres Sohnes zu erwirken, ihn unter dem Koran hindurchgehen ließ und die irdene Wasserkanne hinter ihm ausgoss, kullerten ihm die Tränen die Wangen herab. Einmal überkam es Kerâmat bei einer dieser Szenen, und er rief heiser mit dem typischen Akzent des jungen Pulverkopfs aus der Provinz um Hilfe: «Liebe Mama ... Wo bist du, Mama?»

Er verehrte Nâsser. Vor dem Spiegel machte er ein Gesicht wie dieser und verzog die Augenbrauen zu einer Wellenlinie. Jede Frau, die Nâsser über den Weg lief, nannte dieser «Schwester» und sagte sogar: «War dein Mann, dieser

Waschlappen, nicht zu Hause, dass du für ein Kieselbrot in diese Passage gekommen bist und dich unter die Augen aller dieser fremden Männer begeben hast?»

Dann zierte sich die Frau, zupfte sich den Tschâdor zurecht, verdrehte den Kopf und bekam schmachtende Augen. Angesichts von so viel Sündhaftigkeit sagte Kerâmat das Glaubensbekenntnis «Lâ ilâha ilâ Allah», sprach ein Bußgebet und verfluchte den Satan.

Er hielt große Stücke auf Behrus' Hochherzigkeit. Er kam ihm bloß ein bisschen kränklich und schwächlich vor, Kerâmat pflegte zu sagen: «Das Jüngelchen sieht ziemlich mickrig aus. Überlasst ihn mir einen Monat, dann mach ich was aus ihm.» Aber trotz allem hatte Behrus wegen des Mutes, den er in dem Film «Gheyssar» gezeigt hatte, bei ihm einen Stein im Brett.

Die Beziehung zwischen dem wackeren Heißsporn und seiner Frau war abgekühlt. Seine Kumpel versuchten ihm unter die Arme zu greifen, und um ihn aufzumuntern, schleppten sie ihn eines Abends in ein Café, in dem eine Frau auftrat, die sang und tanzte. Der Heißsporn kippte ein, zwei Gläschen, dann wurde ihm warm ums Herz, und während die Tänzerin sang, setzte sie ihren ausladenden Hintern in Szene, wackelte mit den Schultern und schnippte mit den Fingern. Am Ende des Abends lud sie der Heißsporn an seinen Tisch ein.

Es blieb nicht bei diesem einen Abend, und die Frau des Heißsporns erfuhr davon. «Was sitzt du hier herum, während dein Mann fremdgeht?» Die arme Frau weinte heiße Tränen, und ihr Kopf wackelte hin und her wie ein Uhrpendel. Sie rang die Hände und schluchzte. Die Klatschweiber versicherten sie ihres Mitgefühls und sagten: «Ach, die Männer sind eben so. Sie hauen ab, aber dann überlegen sie es sich anders und kommen wieder zurück.» Doch die Frau hörte nicht auf sie. Plötzlich fuhr sie sich mit den Fingernägeln ins Gesicht und schlug dann mit beiden Fäusten auf sich ein, sodass sie ohnmächtig wurde. Die Klatschweiber liefen in alle Richtungen auseinander. Sie brachten Zuckerlösung, Rosenwasser und Strohlehmziegel. Aber würde die Frau wieder zu sich kommen? Eine wohlmeinende alte Frau aus der Nachbarschaft brachte sie zu einer Wahrsagerin und Geisterbeschwörerin. Die Frau zerstieß die Knochen eines Toten in einem Mörser, vermengte sie mit Hundekot und strich das Gemisch an die Tür und die Wände des Hauses. Aber der Mann kam nie zurück.

In diesem Durcheinander wird die Tänzerin mit einem Mal
60 *ermordet. Der Heißsporn begibt sich ahnungslos zum vereinbarten Treffpunkt. Er zieht der toten Tänzerin das Messer aus dem Bauch, und just da kommt die Polizei des Wegs. Der Heißsporn wird ins Gefängnis geworfen. Ein Hinterhalt.*

An dieser Stelle des Films geriet Kerâmat in Weißglut und stieß alle Flüche aus, die er kannte – gegen die Frau und die Tänzerin.

Die Frau kommt ihren Mann hinter Gittern besuchen und weint. Der Heißsporn ist beschämt, er bereut und kaut auf den Spitzen seines Schnurrbarts herum. Die Frau fleht zu Gott und legt ein Gelübde ab. Sie geht zu einem geweihten Brunnenhäuschen, sie lässt Tauben fliegen, bis diese im Blau des Himmels verschwinden, sie zündet eine Kerze an, und sie schluchzt. Sie lässt dreieckige, schwarze Trauerwimpel im Winde flattern, und die goldene Kuppel der Grabstätte des Heiligen glänzt im Sonnenschein. Die Frau weint und betet.

Plötzlich wird der Mörder gefunden, und der Heißsporn kommt frei. Gegen Abend öffnet er mit einem Tuch voll Äpfeln und einer Schachtel Gebäck die Tür seines Hauses. Einen Augenblick später stehen die beiden, die Frau und ihr Mann, am Schrein eines Heiligengrabes. Sie kommen in den Hof des Heiligtums, sie füttern die Tauben mit Körnern und trinken unter den grünen dreieckigen Wimpeln mit dem Bildnis des Imâms Resâ in Erinnerung an die verdurstenden Märtyrer der Schlacht von Kerbelâ Wasser aus einer Kupferschale.

Kerâmat verließ begeistert das Kino.

Aber da war noch ein anderer Film, in dem ein angesehener Mann, den die Leute Âgh Dâdâsch nannten, beinahe seine Ehre verloren hätte. Als Kerâmat sich diesen ansah, litt er vor lauter Angst und Mitgefühl fürchterlich.

Manchmal rutschte der Gebets-Tschâdor nach hinten, und dann schlugen die Brüste der nur notdürftig bekleideten Frau das hilflose halbstarke Küken, das ansonsten wie ein Wurm in dem Viertel herumkroch, in ihren Bann. Manchmal ging die Frau fort und kam wieder. Sie ging zum Eckladen, um getrock- *nete Molke oder Nudeln für Suppe zu kaufen, oder sie ging zu einer Nachbarin, um von ihr zu lernen, wie man sich die Augenbrauen zurechtzupft. Zu Hause setzte sie sich alles andere als züchtig neben den Waschzuber. Nachts tat sie unter dem Moskitonetz seltsame Dinge, aus dem Inneren waren unkeusche Geräusche zu vernehmen. Ihr Schatten fiel auf den feinen, weißen Baumwollstoff.*

Kerâmat war besorgt. Wenn die Nachbarn sie bloß nicht so sähen oder die Geräusche hörten!

Gegen Mittag wurde ihr plötzlich heiß. Sie lief zum Wasserbecken im Hof. Sie konnte der Versuchung nicht widerstehen, und im Handumdrehen hatte sie sich ausgezogen. Sie nahm die Schüssel vom Beckenrand, tauchte sie ins Wasser und schüttete sie über ihrem Kopf aus. Sie machte so viel Lärm, dass sie Aufmerksamkeit erregte. Dann langte sie bald hierhin, bald dorthin, und sie berührte alle verborgenen oder verbotenen Stellen ihres Körpers; unversehens hörte man einen Kiesel zu Boden fallen. Erschrocken hob sie den Kopf und sah einen Schatten auf dem Dach. Tauben flogen auf, und jemand sprang auf das Dach des Nachbarhauses. Die Tauben stiegen höher hinauf, dann sah man den Himmel, die Tauben und die Minarette der Moschee. Plötzlich erscholl der Gebetsruf zum Mittag, und Âgh Dâdâsch steckte den Schlüssel ins Schloss der Haustür. Die Frau lief die Stufen zur Küche hinunter, schlug dabei verzweifelt auf sich ein und setzte sich neben den erloschenen Herd.

Âgh Dâdâsch stolzierte derweil, den Schnurrbart hochgezwirbelt, den Filzhut auf dem Kopf, der Hosenzwickel hing ihm fast zwischen den Knien, wie ein Gockel durch den Empfangsraum in den Hof. Er legte eine Tüte mit Weintrauben und ein Stück Eis auf den Rand des Beckens. Dann rief er nach seiner Mutter.

Diese steckte den Kopf, züchtig mit dem Witwentuch bedeckt, aus dem großen Zimmer heraus, und Âgh Dâdâsch ging die Stufen vom Hof zur guten Stube hinauf. Er hatte sie noch nicht betreten, als die Mutter sich von ihrem Gebetsteppich erhob; sie rief siebenmal «Allahu akbar», begrüßte ihn liebevoll und schaute ihn bewundernd an. Dann schloss sie die Augen, und als hätte sie einen süßen Traum von der Hochzeit ihres Sohnes, sah sie diesen mit einem Buchsbaumzweig bekränzt vor sich, der genau wie Rosstam* auf einem Bild über dem Eingang eines öffentlichen Bades in voller Länge vor ihr stand. Dann klatschte sie begeistert in die Hände, kam zärtlich auf ihn zu und sagte: «Wann sehe ich dich endlich als Bräutigam?»

Âgh Dâdâsch war so glücklich, dass er aus tiefster Seele einen Freudenschrei ausstieß und sagte: «Da musst du selber etwas dazu tun.» Die Mutter trat liebevoll näher, breitete die Arme aus und sagte: «Aber auf mein Urteil gibst du doch nichts.» Âgh Dâdâsch hob seine Hände an die Brust, breitete sie aus und sagte: «Doch, sie muss bloß hier ordentlich was haben.» Dann strich er sich über den Schnurrbart voller Brillantine und schaute seine Mutter aus dem Augenwinkel an. Jetzt nahm sie die Arme vor die Brust und sagte: «Muttern wird schon eine finden, die hier ordentlich was hat!»

Die Frau griff sich in der Küche übereifrig den Tschâdor und wickelte sich fest darin ein. Als nur noch ein Auge herausschau-

---

* Der iranische Siegfried.

te, kehrte sie ganz aufgeregt und fiebrig ins Zimmer zurück und zitterte unaufhörlich am ganzen Körper.

Inzwischen war es Abend geworden, und Âgh Dâdâsch saß im Café. Eine Tänzerin im Minirock scharwenzelte geziert um alle herum, die dort saßen. Sie füllte ein Schnapsglas mit Arak, drückte es Âgh Dâdâsch in die Hand und begann wieder zu kokettieren. Âgh Dâdâsch hatte sein Glas Arak noch nicht geleert, da hatte sie schon einen Löffel Joghurtsoße mit Gurke für ihn bereit und hielt ihm den an den Mund. Âgh Dâdâsch, der schon etwas angeheitert war, wurde noch fröhlicher und kitzelte mit seinem Schnurrbart den nackten Bauch der Tänzerin. Die Frau stieß ein abgehacktes, sinnliches Lachen aus, und Âgh Dâdâsch wandte sich ihr weiter liebevoll zu. Noch eine andere, ebenfalls halb nackte Tänzerin trat auf, bewegte sich zu den Klängen eines arabischen Liedes und machte Âgh Dâdâsch und den anderen angeheiterten Männern im Café schöne Augen oder versuchte, mit ihnen zu flirten.

Dann war wieder Tag, die Frau befand sich in der Gasse, und obwohl sie sich große Mühe gab, ihre verschiedenen Körperteile mit dem Tschâdor zu bedecken, wurden wegen einer ungeschickten Bewegung oder auch nur durch einen plötzlichen Windstoß immer wieder ihre heikelsten Stellen entblößt. Dabei blitzten auf einmal die Augen des halbstarken Kükens wieder auf, und er war nicht mehr Herr seiner Zunge. Diese war es nämlich, die der Frau etwas zuflüsterte, zum Beispiel verführerische Liebeserklärungen.

In solchen Momenten wurde Kerâmat so aufgeregt, dass ihm das Blut in den Adern stockte.

Die Frau zerkratzte sich das Gesicht mit den Nägeln und biss sich auf die Lippen. Sie flüsterte: «Wenn mein Âgh Dâdâsch das erfährt, fließt Blut.»

Das Küken hörte nicht darauf. Mit spitzen Schuhen, deren Hinterkappe er hinuntergetreten hatte, lief er behände mit aufreizendem Gang hinter der Frau her, winkte mit dem Taschen-

tuch, und aus vollem Halse lachend, zeigte er seine Goldzähne.
Dazu meinte er: «Deinen Âgh Dâdâsch liebe ich doch auch!»

Kerâmat murmelte leise: «So ein Arschloch!»

Aber der Film ging natürlich noch weiter. *Die Frau machte noch eine unschickliche Bewegung und entblößte, ohne es zu wollen, ein anderes Körperteil. Die Kleider saßen gewöhnlich sehr eng, sie waren kurz und standen am Kragen offen. Wenn es nicht etwas gegeben hätte, was man Tschâdor nennt, wären weibliche Tugend, Schamhaftigkeit und Ehre mit dem Winde weggeweht. Wieder kam ein Windstoß, und wieder einmal enthüllte er eine andere anstößige Stelle ihres Leibes.*

Jemand stand mitten im Kinosaal auf und rief: «Na, komm auf meinen Arm, der Onkel bringt dich nach Hause, bevor Âgh Dâdâsch aufkreuzt.»

Die Rabauken im Kino legten zwei Finger an den Mund. Sie drückten sie auf die Unterlippe, die Adern im Nacken schwollen an, und ihr Gesicht lief dunkelrot an wie Maulbeersaft. Dann erklang ein andauerndes, ohrenbetäubendes Pfeifen, sie machten Unsinn, rissen Witze und fingen wieder an zu pfeifen.

Kerâmat stand auf, schwenkte sein Taschentuch und begann zu schreien. In den Ecken am Rand des Saals erhob sich ein Rumoren, aber schließlich ebbte der Lärm ab.

Der Wind wurde stärker und verdrehte den Tschâdor der Frau in der Luft.

Wieder hielten sich die Leute die Hand vor den Mund.

Âgh Dâdâsch bog in die Gasse ein.

Als der Film so weit gediehen war, warf Kerâmat das Paket mit den Nüssen auf den Boden, packte mit beiden Händen die Lehne des Sitzes vor sich und fluchte leise. Er zischte: «Jetzt werden wir gleich sehen, was für ein Donnerwetter auf diese Schlampe zukommt!»

Âgh Dâdâsch hatte Feinde in der Bande des oberen Viertels, es waren dieselben, die ihn als «Flasche», «halbstarkes

Küken», «Waschlappen» und «die Niete des Viertels» aufge-
zogen, seine Schwester geärgert und den Boden dafür berei-
tet hatten, dass einer dieser Rabauken vom oberen Viertel
schließlich sogar seine Frau fickte und ihn als Versager de-
mütigte. In Tehrun gilt der Unterleib der Frauen als Symbol
für die Ehre und das Ansehen der ältesten Brüder und der
frommen Väter. Die Frauen gelten allesamt als leicht zu verführen, vielleicht provozieren sie das sogar selbst. Denn die
Frauen bedeuten den Männern mit allen Fasern ihres Körpers: «Komm, verführ mich!» Man musste höllisch auf sie
aufpassen.

Die Frau war eine Quelle der Sünde, und wie klar die Fil-
me das zeigten! Sie war die Ursache für Mord und andere
Verbrechen. Früher gab es Gott und den Propheten, und die
Menschen wandelten mit Rat und Tat auf dem rechten Pfad.
Nun aber herrschte weit und breit nur noch Ehrlosigkeit.

In den Polizeiwachen selbst war es mittlerweile üblich ge-
worden, Bestechungsgelder von den Lastwagenfahrern, den
Stadtviertel-Fleischern, den Straßenmädchen zu kassieren.
Es war abzusehen, dass man auch das bisschen aufrechte
Mannhaftigkeit, das unter den Leuten vom Schlage Kerâmats
noch zu finden war, mit der Lupe suchen müsste.

Am Ende des Films «Ein edelmütiger Schelm» sorgte ein
Mann mit einer Moral wie Kerâmat dafür, dass der junge
Strolch bekam, was er verdiente, und die Schwester von Âgh
Dâdâsch rettete, sonst wäre sie in einem Freudenhaus gelan-
det. Die Männer von Tehrun, besonders die Jungs wie er und
diejenigen, die etwas auf ihre Ehre gaben, waren vierundzwanzig Stunden am Tag darum bemüht, zu verhindern,
dass ihre Frauen als Nutten endeten.

Kerâmat war immer aufgewühlt, wenn er aus dem Kino
kam. Er wusste nicht, wieso und warum. Auf einmal sah er,
wie in der dunklen Gasse, die nach schlammigem Wasser
stank und sein Geruchsorgan belästigte, jemand genauso

wie damals dastand und einen Fünf-Riâl-Schein in der Luft schwenkte. Der englische Unteroffizier kam ihm mit den blitzenden Augen eines Betrunkenen entgegen.

Damals, an jenem fernen Winterabend hatte sich Kerâmat in der Kurve dieser dunklen Gasse im Vorhof eines Hauses, dessen Besitzer anscheinend gestorben war, einen Augenblick umgewandt. Die Leute waren an ihm vorbeigegangen, sie waren in Eile gewesen, sie hatten mit ihren Einkäufen unter dem Arm nach Hause gewollt; am offenen Ende der Gasse war alles hell erleuchtet gewesen, sogar die Dampfkringel, die in Wellen von einer großen Platte voller Roter Bete aufstiegen, die Gaslichter, die die ganze Zeit summend brannten, ein Mann, der, ein Tuch über der Schulter, mit einem Messer die Roten Rüben schälte, alles hatte verführerisch geglänzt und geblitzt, unerreichbar für den heimatlosen Jungen. Vielleicht gab es ja noch eine andere Welt.

Kerâmat war an den Häuserwänden entlang zurückgeschlichen und hatte gleichzeitig seine kleine Hand nach dem Geldschein ausgestreckt. Er leuchtete phosphoreszierend, als ob ihn ein Engel vom Himmel aus jener anderen Welt gebracht hätte. Er konnte sich nicht daran erinnern, jemals zuvor schon einmal eine Banknote in der Hand gehalten zu haben.

Spät am Abend rief er, nachdem er einen dieser Filme gesehen hatte, Talâ an, als er müde und schlecht gelaunt zu Hause angekommen war.

Er wollte etwas ändern. Er wusste nicht, was und wie. Er wollte mit jemandem sprechen. Das Wort stand ihm zu Gebote, auch wenn seine Worte keinen Pfifferling wert waren. Aber er langweilte seine Zuhörer nicht, und an jenem Abend sagte er mit einem Mal inmitten von all seinem Geschwätz am Telefon: «Bedeck deine Blöße, Schwester!»

Talâ lachte laut auf und antwortete: «Er bedeckt mich gerade.»

Kerâmat hörte durchs Telefon das Keuchen eines fremden Mannes. Atemlos steckte er die Hand in die Tasche. Aber sein Messer war nicht da, stattdessen fand er dort eine Tüte mit den leckeren japanischen Wassermelonenkernen. Talâ sagte mit einem deutlich bemerkbaren Beben in ihrer sinnlichen Stimme: «Jetzt bedeckt er mich gleich mit der Hand!»

Und dann lachte sie laut auf, so sehr, dass ihm beinahe das Trommelfell geplatzt wäre. Kerâmat schrie plötzlich in den Hörer: «Bei meiner Ehre, ich schwöre ...»

Talâ verstummte auf der Stelle, dann sagte sie in einem ernsten, sogar vorwurfsvollen Ton: «Ich verstehe dich nicht; was ist denn passiert?»

Kerâmat kaute auf seinem Schnurrbart und schwieg. Talâ fragte: «Warum sagst du denn nichts?»

Kerâmat war immer noch wütend: «Lass mich in Ruhe – mir geht's dreckig.»

Dann legte er auf.

Der Film «Dâsch Âkol» dagegen hatte ihm nicht gefallen. Er meinte dazu: «Die Kerle haben doch alle kein bisschen Ehrgefühl mehr!»

Dann legte er die Handkanten aneinander, formte damit eine Schüssel in der Luft und murmelte: «Ein richtiger Mann hat solche Eier!»

Dâsch Âkol hatte sich nach seiner Meinung als Feigling und Versager erwiesen. Er hätte Mardschân, ohne lange zu fackeln, einfach nehmen müssen. Er kam nie zu Potte, schließlich überließ er seine Tochter einer Niete, und dann wurde er auch noch schmählich von diesem Kâkâ Rosstam, der Opium von der billigsten Sorte nahm, zusammengeschlagen. Alles ging für diesen Pechvogel schief, sodass er nachts einem Finken sein Herz ausschüttete.

Was war er selber doch für ein Kerl im Vergleich dazu! Wie viele Männer hatte er aus dem Weg geräumt, bis er Aghdass erobert hatte? Er hatte es nicht geduldet, einen anderen Mann in ihrem Leben zu sehen.

Wer war denn schon dieser kümmerliche Lackaffe gewesen?

Kaum hatte er das elende Jüngelchen, den Junkie, aus dem Weg geräumt, da war plötzlich dieser Dandy auf der Bildfläche erschienen. Der hatte den Hörer aufgelegt, das Kinn auf die Hand gestützt, mit dem Finger den Rand seines Glases gerieben und Kerâmat von der Seite her beobachtet.

«… Dieser Gigolo sollte lieber dich als mich so anschauen!»

Er hatte Kerâmat so unverwandt angestarrt, als ob er noch nie einen richtigen Mann gesehen hätte.

«Bekomme ich keine Antwort auf das, was ich gesagt habe?»

Da war er gegangen. Kerâmat stützte die Hände in die Hüften, hatte eine tiefe Furche auf der Stirn und stand vor Aghdass.

Sie beachtete ihn nicht. Sie gab keine richtige Antwort und sagte nur: «Ich kenne ihn nicht.»

«Ach, und warum vögelst du dann mit so viel Hingabe mit ihm, wenn er kommt? Hm?»

Die Frau zuckte mit den Schultern. Kerâmat wischte das Tablett mit den Gläsern mit einer Handbewegung vom Tisch und schleuderte es gegen die Wand.

«Ich werde alles kurz und klein schlagen, alles, Aghdass! Sei doch wenigstens zu mir ehrlich!»

Aghdass wich zurück an die Wand. Sie hatte in ihrem ganzen Leben noch nie ein solches Gebrüll gehört.

Kerâmat schob sich die Spitzen seines Schnurrbarts mit den Lippen zwischen die Zähne, lief im Zimmer umher, fluchte und stieß eine Flut von Verwünschungen aus. Er

schmähte ihre Angehörigen, die Toten wie die Lebenden, sodass die Frau nicht mehr ein noch aus wusste.

«Er hat mit dem Kino zu tun, er will einen Film machen,
in dem ein Kerl wie du …»

Kerâmats Augen wurden buchstäblich so groß wie Mühl-
räder: «Bin ich etwa ein Affe, du Miststück? Lädst du die Leute ein, damit sie mich anglotzen?»

Aghdass zitterte wie Espenlaub. Sie lief barfuß in den
Hof. Dort blieb sie in einer Ecke unten an der Mauer stehen.
Kerâmat stellte ihr ein Ultimatum: «Den will ich hier nicht
mehr sehen.»

Das sagte er mit einem versöhnlichen Ton; er hatte ihr verziehen. Aghdass fasste Mut und ging auf ihn zu. Sie umarm-
te ihn von hinten. Die laute Stimme, die drohende Miene,
seine eindeutige Männlichkeit, alles und jedes gaben ihr ein
Gefühl der Geborgenheit.

Das war eine gute Gelegenheit gewesen. Er setzte alle anderen Männer nacheinander an die frische Luft, und nun
konnte er die Reize dieser Frau für sich allein genießen. Es
war sogar die Rede von reumütiger Abkehr von ihrem Lebenswandel und Heirat. Wenn er jenen Körper berührte,
ihre schönen, üppigen Brüste, wurde ihm jedes Mal ganz
heiß, der Schönheitsfleck, den auch die Familie des Propheten hatte, stand ihm Tag und Nacht unmittelbar vor Augen.
Er sagte sich selbst, genauso müssten die Huris im Paradies
aussehen. Und er spürte den Geruch der Frau immer noch
bis zum nächsten Tag. Aghdass neckte ihn. Sie war die Wür-
ze seines Lebens. Sie tat Kerâmat geschälte Gurken in die
Tasche, machte sich mit ihren Haarspitzen einen Schnurrbart auf der Lippe, zog sich Kerâmats Hut bis zu den Augenlidern herunter, holte ihm das große, bunte Tuch aus der
Hosentasche und schwenkte es in der Luft. Kerâmat plumps-
te laut lachend breitbeinig auf den Stuhl. Aghdass kam tän-
zelnd auf ihn zu. Vor seinem Gesicht bewegte sie den üppi-

gen weißen Hintern, der aussah wie eine volle Schale Milch, und schnippte dazu laut mit den Fingern. Kerâmat zuckte unwillkürlich zurück und brach wieder in dröhnendes Gelächter aus. Ihm stiegen Tränen in die Augen, und er bat: «Aghdass, hör auf! Ich mache dich platt!»

Aghdass nahm den Hut ab, verbeugte sich, klopfte sich auf die Schenkel und kicherte. Sie wusste, was diese Worte zu bedeuten hatten, und dann begann sie wieder zu scherzen, jetzt auf eine andere Art, sie schnitt Grimassen oder sprach mit Bassstimme, sie senkte sie um ein, zwei Tonlagen und sagte: «Bei 'Ali, ich stehe zu Diensten, Aghdass!»

Kerâmat lief vor Lachen blau an, er wieherte förmlich und stand auf. Dann hob er sie mit einer Hand in die Luft und legte sie, egal, wo sie gerade waren, auf den Boden, riss mit einem Ruck sowohl seine eigene Hose als auch das Höschen der Frau nach unten und bumste sie auf eine Art, von der nur sie beide wussten.

Es war, als ob Kerâmat Farbe ins Leben der Frau gebracht hätte, sie war richtiggehend verjüngt. Sie bewegte ihre Zunge nur noch, um Freudengesänge anzustimmen, die Klagelieder waren vergessen. Sie mochte ihn, nur hatte er eine Schwäche: nächtelang im Café zu sitzen. Ganz abgesehen von den Kosten – pro Nacht belief sich die Rechnung für seinen Tisch auf tausend Tumân, die alle Aghdass bezahlte –, konnte sie diese durchfeierten Nächte auf die Dauer nicht ertragen. Kerâmat war außerdem nicht willens, sie auf diese Touren mitzunehmen.

Nächtliche Treffen, Zusammenkünfte von Männern, die Frauen nur als Hilfsmittel zur sexuellen Befriedigung betrachteten, und arbeitslos gewordene Frauen in mittlerem Alter, die Gläser mit schwarz gebranntem Wodka füllten und nach altem Monatsblut rochen. Geblümte Tapeten in trübem Licht, das von roten Deckenlampen und an der Wand hängenden Doppelleuchten ausging, feucht und schimmlig riechende Ecken, dazwischen aufgehängte Drucke von Bildern, Ölreste von alten Lüstern, der Geruch von billigem Kölnisch Wasser und Parfum, das Geräusch vom Anstoßen von Schnapsgläsern und Einander-Zuprosten, die manchmal traurigen, manchmal fröhlichen Trinksprüche, die Teilnahmslosigkeit der Betrunkenen und ein angeborenes, tief verwurzeltes Bewusstsein von der Sinnlosigkeit der Welt. Meistens begann Kerâmat seine Nächte im Café Mardschân.

Fattâne saß verbittert und einsam in ihren alten Satinkleidern auf einem Schemel auf der kleinen Bühne und sang. Alle Männer, sogar Kerâmat, behandelten sie, wenn sie ankamen, mit einem gewissen Respekt. Vielleicht war es wegen der mütterlichen Würde, die sie in ihrem von Sorgen und Mühsal zerfurchten Gesicht wahrnahmen, vielleicht wegen ihrer abgearbeiteten Hände. Kerâmat liebte die Stimme dieser Frau, ihr tragisches Tremolo. Trotz allem war er der Erste, der mit einem Mal aufstand und ihr zurief: «Hör damit auf, du ... So viel Leid, das gibt's doch gar nicht!»

Dabei wusste er selbst am besten, dass es das gibt. Aber die anderen Männer protestierten wie aus einem Munde: «Nein, sing ... sing weiter!»

Kerâmat setzte sich wieder hin und nahm den Kopf zwischen die Hände. Fattâne sang, so lange, bis ihre Stimme heiser wurde; gegen Morgen hörte sie plötzlich auf, trat auf der Bühne nach vorn und sagte zornig und vorwurfsvoll mit ihrer heiser und brüchig gewordenen Stimme: «Jetzt steht auf und geht ... geht nach Hause. Eure armen Frauen halten es nicht mehr aus, immer nur zur Tür zu gucken, bis ihr endlich heimkommt.»

Früher war Kerâmat in diesem gemütlichen Café nach einem ersten Glas Schnaps gut gelaunt gewesen und hatte die Frauen an seinen Tisch geholt. Außer Fattâne sagte keine im Café Mardschân zu Kerâmat Nein. Er griff unter den Tisch, und die Nylondecken, die auf den viereckigen Holztischen lagen, waren so lang, dass niemand sehen konnte, wohin Kerâmat mit seiner Hand fuhr. Die Frauen wackelten mit den bloßen Schultern und dem nackten Hals, mit halb geöffnetem Mund und glasigen Augen stöhnten sie und kicherten auf eigenartige Weise. Kerâmats Gesicht blieb unbeweglich, als ob es nur die untere Hälfte des Mannes wäre, die betroffen war, bis er kam.

Die Frau begann schwer zu atmen und zu keuchen, darauf kam es zu einem kurzen Sturm, der Tisch wackelte. Dann kippten ein paar Gläser um, die Schälchen mit den Vorspeisen schwappten über oder die halb gerauchten, qualmenden Zigaretten fielen vom Rand des Aschenbechers hinunter. Kerâmat verdrehte die Augen, die Muskeln in seinem Gesicht spannten sich, und plötzlich schnaubte er mit Macht Feuer aus beiden Nasenlöchern.

Dann fiel der Vorhang.

4

Sieben Uhr abends

Er drehte die Dusche auf, schloss die Augen und hielt das Gesicht unter den Wasserstrahl. Das warf ihn wieder zurück in die Vergangenheit. Bei diesem Geruch von Nässe warf es ihn mitten in einen halbdunklen Raum. Es warf ihn mitten unter die Schemen von halb nackten Menschen, die, nur mit roten Lendenschurzen vom Gürtel bis unter das Knie bekleidet, im Clair-obscur eines Raumes herumspazierten, dessen Grenzen verschwammen. Das Rauschen und der Klang des kontinuierlich strömenden Wassers wirbelten unter der hohen Decke der Kuppel, und das Echo davon verband die leeren Nebenräume miteinander. Das gedämpfte Licht der Fenster oben in der Decke des Gewölbes drang nicht bis in die dunklen Ecken, es verstärkte nur das Dämmern. Hier war ein öffentliches Bad für Männer voll vom schläfrigen Geflüster tiefer Stimmen.

Um das sechseckige Warmwasserbecken und den Dampf herum, der Ring für Ring in die Luft quoll – wie Weihrauch, der vom Feueraltar eines Tempels aufsteigt –, gab es ein emsiges, geschäftiges Treiben. Auf den Liegen am Becken waren Männer in der feuchten Atmosphäre damit beschäftigt, sich zu waschen. Die Badewärter auf der anderen Seite einer größeren Liege rieben die auf einem langen Stein ausgestreckten Kunden mit groben Handschuhen ab.

Dann kam das Ende der Waschzeremonie; Stück für Stück wurden trockene Tücher gebracht, um die nassen zu ersetzen. Die Kunden kamen aus der Warmbadhalle heraus, reinigten sich die Fußsohlen in einem kleinen Becken und begaben sich in den Umkleideraum, dort wurden ihnen Wasserpfeifen, Scherbett und Tee gebracht. Meister Taghi, der erfahrenste der im Hammâm Beschäftigten, gab Kerâmat eine Massage.

Tatsächlich war Meister Taghi der Einzige, der ihm gewachsen war. Er setzte seinen Fuß auf Kerâmats Knie, die Schultern zog er so kräftig nach oben, dass die Müdigkeit durch die Fingerspitzen aus ihm herausfloss. Seine Arme legte er Kerâmat von hinten in einem Ring um die Brust und riss ihm den Oberkörper mit einem Ruck nach hinten; die Rückenwirbel krachten, sodass Kerâmat Hören und Sehen verging. Der Meister setzte sich ihm auf die Nieren und zog ihm die Lendenwirbel auseinander. Ganz plötzlich drehte er ihm den Kopf nach links und rechts, so heftig, dass er jedem außer Kerâmat den Hals gebrochen hätte.

Nach der Massage stand Kerâmat, ein wohliges Gefühl von Mattheit im Leib, federnd auf, stöhnte lustvoll und versprach Meister Taghi, dass er im Umkleideraum ein üppigeres Trinkgeld als bisher bekommen würde. In den letzten Jahren, als Kerâmat schon ein angesehener Mann war, den jedermann respektierte, wurde die Öffentlichkeit für ihn jeweils aus dem Bad ausgeschlossen, als ob ein Bräutigam gekommen wäre. Besondere Kunden, deren Gesellschaft Kerâmat genoss, bildeten eine Ausnahme. Scherbett, Pflaumensaft, Halbgefrorenes und ein Eisgetränk mit Rautensamen wurden immer wieder in der Warmbadhalle serviert. Kerâmat fasste ein Stück Eis mit den Fingern an der Spitze, rührte die Flüssigkeit in der Kristallschüssel damit um und trank sie dann mit einem frommen Gedenken an den verdurstenden Imâm Hosseyn mit einem Zuge aus.

Früher hatte er sich, wenn er aus dem Hammâm kam, gefühlt, als wäre er neu geboren, fröhlich, gut gelaunt und heiter. Aber jetzt konnte nichts mehr die Müdigkeit aus seinem Körper vertreiben. Tatsächlich lag es an den schlaflosen Nächten, dass er sich tagsüber so schlapp fühlte. Die Schreie jener konterrevolutionären Arschlöcher, die aus den Verhörräumen des Gefängnisses aufstiegen, klangen vierundzwanzig Stunden täglich in seinen Ohren nach und rissen ihn nachts regelmäßig aus dem Schlaf. Jedes Mal, wenn Ghontsche die Augen aufschlug, sah sie, dass Kerâmat wach war und an die Decke starrte. Die einzige Lösung wäre gewesen, sie alle an die Wand zu stellen und ein für alle Mal zum Schweigen zu bringen.

Nachdem er Talâ kennengelernt hatte, ging er nicht mehr ins öffentliche Bad. Ihr privates Dampfbad voller Spiegel und Marmor war immer geheizt, und das Einzige, was fehlte, waren die Massagen von Meister Taghi. Wie hätte ein philippinisches Mädchen, das Talâ zu massieren pflegte, mit dem konkurrieren können …

Um sich auf seine Hochzeit vorzubereiten, ging er ebenfalls in jenes alte Hammâm. Über der Tür hatte man eine Leuchtdekoration angebracht.

Kerâmat hatte sich zu ihr hinuntergebeugt und gefragt: «Na mein Kleines, wie, hast du gesagt, heißt du?»

Ihre honigfarbenen Augen blickten verschämt auf den Boden des Ladens.

Der Verkäufer des Obstgeschäftes nahm das Essgeschirr und antwortete an ihrer Stelle: «Stehe zu Diensten. Ghontsche.»

Kerâmats stämmige Gestalt schüttelte sich vor Lachen. Er erklärte dem Verkäufer: «Aber nein, eher wie ein reifer Pfirsich, zum Anbeißen, wieso denn eine Knospe?»

«Ob Pfirsich oder Knospe, Ihnen gegenüber ist sie ein Nichts.»

Kerâmat bekam wieder glänzende Augen. Der Verkäufer,

Ghontsches Vater, selbst ja auch ein Mann, wusste, was das zu bedeuten hatte. Um Kerâmats Blick auszuweichen, nahm er eine Birne und rieb sie mit einem Tuch ab.

Ghontsche flatterte wie ein Täubchen aus dem Laden und lief weg.

Kerâmat hatte das Mädchen auch vorher schon in dem Geschäft gesehen. Sie sah hübsch aus. Erst sechzehn oder siebzehn Jahre alt. Aber sie war kräftig und voll entwickelt. Das vorige Mal, dass sie ihrem Vater das Essgeschirr gereicht hatte, da hatte ihr weißes Handgelenk ausgesehen wie aus Alabaster, wie … Kerâmats Herz wäre beinahe stehen geblieben. Sein Körper brannte vor Verlangen.

Knapp zwei Jahre waren seit der Revolution vergangen. Schon vorher war er eine Zeitehe mit zwei, drei Frauen eingegangen, mit denen er zu tun gehabt hatte. Ein, zwei hatte er sitzen lassen, sie sollten sehen, wo sie blieben. Âgh Ghodrat, der Chef des örtlichen Revolutionskomitees, hatte ihm gesagt: «Jetzt musst du aber Ordnung in dein Leben bringen.»

Kerâmat hatte die Hände hochgehoben, auf die Jungen im Hof der Moschee gezeigt und geantwortet: «Wenn die da ihren Lebenswandel nicht ändern, wieso soll ich das dann schaffen?»

«Das stimmt schon; aber es ist trotzdem nicht richtig. Hast du dich nie gefragt, wie es wäre, wenn du zwei, drei gesunde, junge Burschen hättest, wenn sie jetzt da säßen wie die, und du würdest sie dir angucken und hättest deine Freude an ihnen …»

«Bei Gott, du hast ja recht.»

Âgh Ghodrat gab nicht nach. Und schließlich fragte er ihn: «Hast du vielleicht schon ein Auge auf jemand geworfen?»

Darauf hatte Kerâmat nur gewartet, er lachte schallend – dabei lutschte er an einem Stück Zucker – und erwiderte: «Die Tochter des Verkäufers in meinem Obstgeschäft! Den Rest weißt du schon.»

Am nächsten Morgen kam Âgh Ghodrat zu einem Braut-
werbungsgespräch zu ihm. Er brachte eine Schachtel voller
mit Kardamom gewürztem Zuckerwerk* mit und sagte: «Ich
habe den Koran aufgeschlagen, und die Losung ist günstig
ausgefallen. Mit deinem Verkäufer habe ich auch schon gesprochen. Gott segne euch. Da hast du was Süßes.»

Kerâmats Augen glänzten. Der Speichel troff ihm aus einem Mundwinkel auf die Kinnlade. Er begann kaum hörbar
zu lachen, es war ein leises Kichern, dann brach er ab und
meinte: «Süßigkeiten müsste ich jetzt wohl anbieten, Âgh
Ghodrat.»

«Wie großzügig! Meinst du nicht, es müsste etwas mehr
sein als Süßigkeiten?»

Kerâmat brannte wieder vor Verlangen. Er hörte Âgh Ghodrat gar nicht zu und fragte: «Hat ihr Vater eingewilligt?»

Âgh Ghodrat wickelte sich die Gebetskette ums Handgelenk und berührte Kerâmats Kragen mit dem Finger: «Hab
ich dir doch gesagt! Es war ein Geschenk des Himmels für
ihn. Die jungschen Kerle bringen doch nichts auf die Reihe.
Im Gegensatz dazu kannst du jede Menge Leute rumkom-
mandieren.»

Die Verlobungsfeier wurde in aller Schlichtheit begangen.
Kerâmat erklärte: «Ich will keinen großen Wirbel darum ma-
chen. Der Asphalt auf den Straßen riecht noch nach dem
Blut unserer jungen Leute.»

Er hatte recht, aber waren die blutigen Gewalttaten der Revolution denn etwa schon vorbei?

Ghontsches Mutter sagte Kerâmat bei der Feier: «Lieber
Kerâmat, hüten Sie meine Tochter wie Ihren Augapfel! Das
Kind ist doch noch so zart, Sie brauchen sie sich nur anzu-
sehen.»

Kerâmat kicherte wieder sachte. Er legte sich die Hand

---

* Dies wird typischerweise vom Überbringer guter Nachrichten angeboten.

aufs Herz: «Ich rühre Ghontsche nicht an. Sie ist Balsam für meine Seele. Sie ist mir ans Herz gewachsen.» Wie ernst er das meinte, zeigte sich daran, dass er sie gleich im Brautgemach schwängerte und dann noch zweimal, sobald sie abgestillt hatte.

Zwei, drei Monate danach kam die Hochzeit. Als der Abend zu Ende ging, gaben sich Braut und Bräutigam die Hand. Kerâmat nahm seine Braut und trug sie in sein Haus in Sa'farânie, dem vornehmsten Teheraner Viertel. Zwei, drei Klatschweiber wollten ihnen, wie es Brauch ist, folgen, aber Kerâmat ließ das nicht zu.

Ghontsche stieg in den Mercedes ein. Der Wagen war nicht mit Blumen geschmückt. Es wurde auch nicht gehupt. Niemand war in Stimmung dazu. Der Krieg gegen Saddam Hussein hatte gerade erst begonnen, und es wurden Schlag auf Schlag tote und verwundete junge Leute von allen Fronten zurückgebracht.

Kerâmat fing an, ihr Vorschriften zu machen: Sie sollte nicht ohne Erlaubnis außer Haus gehen. Sie durfte Kerâmat nicht fragen, wann er ginge oder wann er zurückkäme. Sie sollte keusch und züchtig leben und ein paar Söhne für ihn großziehen. Sie müsste gottesfürchtig sein und dürfte ihrem Mann nicht widersprechen. Und dann noch, dass Fleischbrühe mit Gemüse ihm gut schmeckte, am besten mit dem Schwanzstück (das Fleisch zu besorgen würde er selber übernehmen). Das Fessendschân, Geflügel mit eingedicktem Granatapfelsaft und geriebenen Walnüssen, müsste leicht säuerlich sein und das Choresch richtig zusammengekocht, sodass Wasser und Gemüse sich vermischten. Und als Beilagen müsste es immer einen Teller Radieschen und eine Schüssel Pickles geben.

Und neuerdings fragte er: «Lass doch mal sehen, hat deine Mutter dir überhaupt beigebracht zu kochen?»

Er richtete seinen Blick auf den weißen Gazeschleier, den

Ghontsche auf dem Kopf trug, und ihre geschminkten Lippen, die hinter dem Schleier nur undeutlich zu sehen waren, und ihre Wimpern ... nein, die waren doch nicht echt. Sie glichen langen, schwarzen Rasierpinseln und erinnerten ihn an die Tänzerinnen im Café ... Nein, schließlich ging es um seine Ehre. Das gefiel ihm nicht. Das hatte er Ghontsches Mutter auch schon bei der Verlobungsfeier gesagt.

«Âgh Kerâmat, das ist von nun an Ihre Sache; egal was, zeigen Sie ihr, wo's langgeht!»

Hochzeiten! Hochzeiten! Wie viel Aussteuer und Babysachen auf großen, runden Holztabletts zu den Leuten ins Haus getragen wurden! Früher hatte Kerâmat oft wie alle anderen Träger auch, den Rücken an die Wand gelehnt, in der Sonne gesessen. Sie hatten rote Ringe mit Tüchern auf dem Kopf gehabt. Dann hatten sie «bei 'Ali» gesagt und die Tabletts vom Boden aufgehoben.

Die Frauen warfen Bonbons und kandierte Früchte aus dem Fenster.

Die Kristalllüster schwankten, der Satin der Bettwäsche und die kupfernen Töpfe glänzten in der Sonne. Der Samowar und die Zinkgefäße, die Spiegel, das Kristall und das Porzellan, die Zuckerschalen und die Hochzeitslampen, das Kieselbrot und der Segensspruch in goldfarbener Schrift. Die Familie des Bräutigams lief mit den Kohlebecken für das Räucherwerk gegen den bösen Blick voraus. Es wurde gebetet: Neidische, missgünstige, unreine und boshafte Augen möchten erblinden. Die Tabletts verschwanden hinter Schwaden von Weihrauch und anderem Räucherwerk zur Abwendung von Schaden. Und an den Wänden drängten sich die Schaulustigen.

Da sein Nacken und seine Füße so kräftig waren, hatte er immer die schwersten Tabletts bekommen, und die Türen waren für ihn stets zu niedrig gewesen. Er musste die Knie beugen. Die Nachbarn schauten durch den Türspalt oder vom Dach ihrer Häuser aus zu. Die schwarzen Augen einer Frau blitzten auf, oder eine Hand warf einen Zopf von der Brust nach hinten. Plötzlich kam Kerâmat durcheinander, unaufmerksam machte er zwei, drei Stolperschritte. Nach lauten Zurufen fasste er wieder Tritt.

Direkt an der Mauer eines großen Hofs setzten sie die Tabletts ab und suchten den Schatten auf. Eine Frau mit einer Karaffe Scherbett trat vor. Auf der anderen Seite holte man die Geschenklisten heraus.

Zuerst hatte er Tabletts mit Joghurtgefäßen ausgetragen, etwa ein Dutzend mehrere Kilo schwere Platten pflegte er übereinanderzustellen, das war ein sehenswertes Schauspiel. Später beschäftigte er ein, zwei Hilfskräfte. Damals stapelte er die Tabletts im Lagerraum eines Teehauses und setzte sich, um auf Aufträge zu warten, auf einen Schemel an die Mauer unter ein an einem Pfeiler aufgehängtes Tablett.

Danach war er zum Anführer der Tablett-Träger geworden. Nun erhielt er ehrenvolle Aufgaben, wie die, den Spiegel und den Koran von Leuten, die umzogen, in ihr neues Haus zu bringen. Und er war derjenige, der zum Basar der Kristallhändler ging. Dort kauften die Vornehmen ihr Porzellan und ihr Kristall; sie geizten nicht mit Trinkgeld. Aber egal, wie viel die schüchternen jungen Bräutigame ihm gaben, der prahlerische Spiegelträger war nie zufrieden.

Ghontsche schaute verwundert. Als ob sie noch nie in ihrem Leben ein so großes Anwesen gesehen hätte. Alle diese bunten Lampen im Garten, das Schwimmbecken voller Wasser, die Schaukel auf dem Rasen und die Sprenger, die sich dort drehten und Wasser versprühten.

Kerâmat öffnete den Wagenschlag. Er nahm Ghontsche auf den Arm und setzte sie auf einem breiten Sitzgestell ab. Dann forderte er sie auf: «Schütte dir eine Handvoll Wasser ins Gesicht. Wie sie dich mit Make-up vollgeschmiert haben!»

Drinnen griff Kerâmat gerade nach seinem Gürtel, um die Hose auszuziehen, als das Telefon klingelte. Er fluchte fürchterlich. Er ging in die Halle und nahm den Hörer ab. Dann folgte ein Anruf auf den anderen. Eine Stunde lang regelte er die Angelegenheiten des nächsten Tages. Er bereitete alles vor und fragte nach den Börsenkursen.

Um Mitternacht kam er ins Schlafzimmer zurück. Ghontsche war noch wach und starrte mit offenen Augen die Decke an. Als er die Bettdecke zurückschlug, krümmte sich Ghontsche, die siebzehn Jahre alte Braut, zusammen wie eine Zimmerpflanze, die nach dem Winter aus dem Gewächshaus ins Freie gebracht wird.

Kerâmat ließ den Pyjama fallen, schob mit dem für ihn typischen leisen Kichern seinen massigen Körper unter die Bettdecke und sagte: «Hab keine Angst, ich mag die jungen Leute aus Tehrun.»

Die jungen Tehruner hatten ihm bereits vor Jahren, schon Jahre vor der Revolution, förmlich den Kopf verdreht. Sodass er kaum noch Gelegenheit fand, nach seiner Fleischerei oder seinem Juweliergeschäft zu schauen. Auch wenn er sich in der ganzen Stadt einen Namen gemacht hatte, waren zwar nur ein paar Viertel im Süden wirklich seine; aber das war keine geringe Verantwortung.

Die Halbstarken und die Unterwelt wurden von ihm kontrolliert, die Revolutionswächter und die Polizeireviere ebenfalls. Er war ein angesehener Mann. Das Glück lächelte ihm. Die Geschäfte gingen gut. Auch in Streitfällen war er es, der die Fäden in der Hand hielt. Er wurde für die Leute zum Anwalt, Schiedsmann und Gerichtsvollzieher, er war es, an den man sich wandte, der eigentliche Garant der Ordnung in mehreren Vierteln. Seit er dort aufgetreten war, ging die

Kleinkriminalität zurück. Da er überall seine Finger im Brei hatte, schickte er die Straßenjungen arbeiten, zweien oder dreien von ihnen gab er sogar einen Kredit, um einen Laden zu eröffnen. Wenn es so weit war, suchte er selbst ihnen ein Mädchen aus und organisierte ihr Leben. Die Straßenjungen hingen so nicht mehr wie früher an den Kreuzungen herum; Sitte und Anstand wurden respektiert, sein Name tat wie ein Sesam-öffne-dich alle Türen auf, löste Knoten und beseitigte Hindernisse. Aber er war auch noch in anderer Hinsicht

großzügig. Gelegentlich half er auch Witwen, kümmerte sich um Waisen und dergleichen. So war die Welt nach seinem Geschmack. Sein Laden lief gut, er hatte eine Menge Geld in den Taschen, und ein ganzer Schwarm von Frauen tanzte nach seiner Pfeife.

Talâ war verreist, und von den noblen Partys, zu denen sie mit ihm zu gehen pflegte, war keine Rede mehr. Eigentlich vermisste er die auch nicht. Das fremdländische Essen schmeckte ihm nicht. Wonach er sich die Finger leckte, waren Sülze aus Hammelköpfen und -füßen sowie Tschelou-Kebâb. Was sein Herz begehrte, waren eine Flasche kräftiger Arak 55, eine Schüssel Joghurtsoße mit Gurke, eine Zwiebel, um sie mit der Faust über einer Ecke des Esstuchs zu zerquetschen, Cafés, die er wegen Sittenlosigkeit kurz und klein schlagen konnte, und Fausthiebe, die Kinnladen zerschmetterten und sich wie Hammerschläge anhörten. Er liebte es, Frauen, die er als «Schwester» ansprach, zu ermahnen, sie sollten die Familienehre hochhalten.

Aber die Zeiten änderten sich und mit ihnen sogar die Filme. Aus «Gheyssar» und «Dâsch Âkol» wurden Drogensüchtige. Auch alles andere drohte den Bach runterzugehen. Früher hatte es auch noch richtige Schlägereien gegeben, an den Straßenkreuzungen, auf den Plätzen; wenn die Kommunisten und die Anhänger von Mossaddegh auf die

Straße gingen und den Sinn für Sitte und Ehre aufs Spiel setzten.

Manchmal mussten alle anständigen Tehruner zusammenstehen. Dann verteilten sie die Aufgaben: «Das Plündern der Parteilokale übernehmen wir, den Angriff auf ihre Zeitungen ihr!»

Fetzen für Fetzen warfen sie die Papiere aus dem Fenster auf die Straße. Die Stühle zertrümmerten sie auf dem Haupt der Leute, die sie daran hindern wollten. Kerâmat suchte brüllend, das Fleischermesser in der Hand, nach Kommunisten und Anhängern von Mossaddegh. Als alle Dokumente und Akten der Partei das Straßenpflaster bedeckten, befahl Kerâmat kurz und bündig, darauf zu schiffen.

Sie holten ihre Schwänze heraus und pissten die Papiere voll.

Nachdem sie alles kaputt geschlagen und angezündet hatten, zogen sie sich bei Sonnenuntergang zurück.

Infolge von Kerâmats Meisterleistungen war sein Name unter den anständigen Tehruner Straßenjungen in aller Munde, und im nächsten Sommer war es einige Tage lang wieder an ihm, denjenigen, die den Schah und sein Land verraten wollten, eine Lektion zu erteilen.

Schon früh am Morgen schickte der «schwarze» Akbar nach ihm und beorderte ihn umgehend nach Ssar-e tscheschme, er selbst begab sich zum Bahâresstân-Platz. Der alte Schwächling Mossaddegh wollte von seinem Bett aus die Kontrolle über die Streitkräfte in die Hand nehmen. Bekanntermaßen akzeptierte Seine Majestät das nicht. Mossaddegh bekam eins aufs Maul und trat zurück.

Danach begriff Kerâmat nur so viel, dass ein Mann namens Ghawâm wieder Premierminister und Oberbonze wurde. Gruppen von Menschen versammelten sich und riefen «Nieder

mit Ghawâm». Kerâmat und die andern Jungs wurden hell-
hörig; sie warteten auf ein Zeichen von oben. Und als sich
die Parole dann in «Tod dem Schah» wandelte und zur Forderung der Demonstranten wurde, da begann Kerâmats Blut
zu sieden, der Befehl zum Angriff wurde erteilt.

Aber weder die Schlägertruppen von Kerâmat noch seine
Straßenjungen, noch die andern Tehruner, die Ehre im Leib
hatten, noch der dauernde Kugelhagel der Armee hatten etwas ausrichten können, und die Jungs hatten sich notgedrungen zurückgezogen. Auf allen Wänden der Stadt hatte
man lesen können: «Mossaddegh oder Tod!»

«Unsere Zeit ist um, Âgh Kerâmat, sie ist schon lange
um ...»

Es war eine wolkige Nacht mit trübem Licht. Es war kalt,
und der trockene Schnee knirschte unter den Füßen. Der
Atem, der wie Rauch aus den Mündern kam, legte sich im
Nu wie eine Silberschicht auf die Köpfe und die Gesichter.
Ihre Körper waren noch warm, weil sie gerade aus dem Cabaret gekommen waren. Talâ holte den Autoschlüssel aus
ihrer Tasche und gab ihn Kerâmat in die Hand. Er hatte den
Schlüssel im Türschloss noch nicht umgedreht, als jemand
bat: «Mein Herr ... ich bitte um Hilfe, eine Kleinigkeit!»

Es war eine bekannte Stimme. Kerâmat drehte sich um.
Ein zerlumpter Mann in offenem, abgetragenem Mantel
stand in dem matten Licht, das sowohl vom Himmel als auch
vom Boden ausging, neben ihm. Dann sagte der Herr dieser
Stimme: «Mein Leben ist versaut, Âgh Kerâmat.»

Es war der «gestiefelte» Ahmad, einsame Spitze bei den
Angriffen auf die Treffen und die Klubs der Parteien. An den
Kampftagen hatte er immer literweise Wasser getrunken, damit er überall, wo es nottat, so viel, wie es nottat, auf alles, wo
es nottat, pissen konnte.

Kerâmat drehte sich zu ihm um. Er ging einen Schritt auf

ihn zu. Mit der flachen Hand schlug er ihm auf den Arm und fragte: «Warum so jämmerlich?» Der Mann wandte sich ab und ging weg. Kerâmat rief ihm zu: «Wo willst du denn hin, Ahmad? Warte doch!»

«Unsere Zeit ist um, Âgh Kerâmat, sie ist schon lange um … Aber du hast's geschafft, das seh ich … Ich scheiße auf die alten Zeiten und auf diesen Scheißkerl von einem Schah!»

Kerâmat griff in die Tasche. Er holte ein Bündel Banknoten heraus und steckte es dem «gestiefelten» Ahmad in die offene Tasche. Dieser senkte den Kopf und ging, noch immer fluchend, fort.

Talâ hängte sich bei Kerâmat ein und bat: «Gehen wir!»

Kerâmat tat einen Schritt nach vorn. Der «gestiefelte» Ahmad verschwand im Schneetreiben. Nacht, Kälte und Einsamkeit … und kein Geld. Kerâmat stampfte mit dem Fuß auf. Talâ bat noch einmal: «Lass uns gehen!»

«Unsere Zeit ist um, Âgh Kerâmat…»

War sie wirklich um? Auch für Kerâmat? Nein, vielleicht hatte sie für ihn gerade erst begonnen. Eigentlich konnte er seine Zeit bis in alle Ewigkeit verlängern. Er hatte diese Fähigkeit.

Verächtlich fuhr er sich mit der Hand ans Geschlecht. Nichts hatte ihm zuletzt mehr im Weg gelegen. Zwar musste er noch mit drei mächtigen Rivalen fertigwerden: einem Filmschauspieler, einem Obersten des Savak und einem der mächtigsten Mitarbeiter im Büro von Prinzessin Aschraf; er musste dafür sorgen, dass sie aus Talâs Umfeld verschwanden. Er musste einen nach dem anderen loswerden. Er hatte wissen wollen, wie sie hießen. Aber Talâ hatte dichtgehalten. Sie hatte nur hartnäckig gelächelt. Kerâmat war wütend geworden. Aber er hielt sich zurück. Er wusste, man durfte sich nicht mit ihr anlegen.

Deswegen entlockte er ihrer Dienerin Behdschat die Namen. Der Filmschauspieler hieß Turadsch. Es war in aller Munde, dass Prinzessin Aschraf, die ein enges Verhältnis zu allen berühmten Männern hatte, von ihm erzählte, dass er unterhalb der Gürtellinie keinen roten Heller wert sei, sein Instrument sei zu klein. Er war einer von diesen kümmerlichen Lackaffen, die einen Schlips trugen. Ein alter Ringkämpfer wie andere Schauspieler war er jedenfalls nicht. Vielleicht war er vorher Bauchladenhändler auf der Lâlesâr-Straße gewesen; aber egal, er hatte ein ansprechendes Äußeres. Mit seiner dunklen Brille und dem Douglas-Schnurrbart eroberte er die Herzen der Frauen im Sturm. Und arm war er auch nicht gerade. Meistens spielte er die Hauptrolle. Kerâmat ließ ihn bespitzeln. Er verfolgte ihn, und eines Tages blockierte er seinen Wagen in einer Nebenstraße.

Der geschniegelte Filmschauspieler hupte den rücksichtslosen Kerl vor ihm zwei-, dreimal an. Ohne lange zu überlegen, stieg Kerâmat aus und baute seine massige Gestalt vor dem Wagen auf. Er riss die Tür auf; die Hände auf dem Auto, beugte er sich hinab, streckte den Kopf hinein und fragte: «Kennst du mich?»

Kerâmat war der Meinung, er müsste ihn kennen. Bei zwei oder drei Partys waren sie sich begegnet und hatten sich sogar begrüßt. Aber der Filmschauspieler nahm die Miene von jemandem an, der intensiv nachdenken muss, und bedauerte dann: «Ich kann mich nicht erinnern, werter Herr.»

Kerâmat schnippte ihm mit dem Finger an die Nasenspitze, machte mit dem Mund einen lauten Furz nach, packte ihn am Kragen seiner Jacke, zog ihn mir nichts, dir nichts aus dem Wagen und knurrte: «Jetzt säuselst du wie ein feiner Pinsel, du schwuler Arsch.»

Der Schauspieler versuchte, sich zu wehren. Er wechselte die Farbe und wurde kalkweiß. Er war außer sich vor Angst. Kerâmat sagte: «Du hast es anscheinend darauf abgesehen, verdroschen zu werden, hä? ... Ich schwöre bei Gott, du kriegst eine solche Tracht Prügel, dass dein Arsch auf Grundeis geht!»

Der arme Kerl hatte keine Ahnung, was das alles zu bedeuten hatte. Er verharrte stumm vor Schrecken. Er dachte, sein letztes Stündlein hätte geschlagen. Aber Gott meinte es gut mit ihm und schickte einen Offizier der Verkehrspolizei auf seinem Motorrad vorbei. Als er diesen sah, gewann er die Sprache zurück: «Herr Hauptmann, dieser Mann hier will mich umbringen.»

Kerâmat stieß ihn gegen das Auto und zischte ihm ins Ohr: «Ich schlage dich nicht gleich tot, aber vielleicht fick ich dich. Lass Talâ in Ruhe, du Baron von einem Scheißkerl, du, sonst verseng ich dir den Schnurrbart, kapiert?»

Er warf dem Hauptmann einen schrägen Blick zu und ging zu seinem Auto.

Der Polizeioffizier notierte seine Autonummer, worauf Kerâmat zurücklief, die unteren Enden seiner Jacke zurückschlug, auf seinen Unterleib zeigte und sagte: «Bitte schön, mein Herr, notieren Sie doch auch die Nummer hier!»

In Anwesenheit des Hauptmanns wurde der Schauspieler keck, er sagte sogar: «Jetzt kriegst du es mit dem Gesetz zu tun. Was hast du denn gedacht?»

Kerâmat klopfte sich mit dem Finger ein- oder zweimal an die Brust: «Das Gesetz kann mich mal. Ich bin selber das Gesetz.»

Und er stieg in sein Auto. Der Schauspieler plusterte sich noch etwas auf. Kerâmat belehrte ihn, dass man einer Dame gegenüber nicht so ungezogen sein darf, und stieg wieder aus; daraufhin suchte der Schauspieler das Weite.

Die ganze folgende Woche waren Kerâmat und Talâ zerstritten. Aber dann ging Kerâmat wieder bei ihr ein und aus. Talâ machte ihm Vorhaltungen: «Du hast kein Recht, dich in mein Leben einzumischen!»

Und Kerâmat erwiderte: «Wenn du diese Küken, diese Lackaffen nicht rausschmeißt, bleibt mir ja gar nichts anderes übrig, als die Sache selbst in die Hand zu nehmen.»

«Na hör mal, es ist schließlich mein Leben.»

«Dein Leben ist auch meins.»

Scha'bun «ohne Hirn» meinte: «Recht so! Aber du hast gesagt, da ist noch einer. Wie heißt er denn?»

Kerâmat sprach den Namen mit einem Abscheu aus, als ob es sich um einen Liebhaber handelte, der seine Mutter zum Ehebruch verführt hätte: «Oberst Mo'tamedi.»

Eine Woche später gab Scha'bun «ohne Hirn» Kerâmat telefonisch Bescheid: «Vergiss ihn. Das ist ein ganz hohes Tier. Mit dem kann man sich nicht anlegen. Der gehört zum Hof.»

Kerâmat legte auf. Dann brüllte er los. Er fuhr sich mit der Hand ans Geschlecht. Darauf verfluchte er den gesamten kaiserlichen Hof von A bis Z. Als ob der Hof ihm seine Ehre geraubt hätte.

Wo waren sie nur, die jungen, edlen Ritter, die die Ehre der Menschen vor den Klauen teuflischer Schurken beschützten?

Er legte eine Hand auf den Tisch und fegte die Gläser herunter, sodass sie gegen die Wand knallten, die Zuckerdose zerbrach, das Tintenfass fiel um. In seinem ganzen Leben war ihm das noch nicht passiert, er hatte noch nie vor so einem Schakal gekniffen.

Der englische Unteroffizier tauchte für einen Augenblick vor ihm auf und verschwand wieder. Sogar Habib zog den Vorhang vor seinem Lagerraum hoch und ging mit lüsternen, aggressiven Blicken auf ihn zu; das Licht schmerzte Kerâmat in den Augen. Er hielt sich den Unterarm und die Hand vors Gesicht.

Als ob er den Angriff von etwas Unerwartetem fürchtete. Er suchte eine sichere Zuflucht. Sicherer als die besetzten

Straßen Tehruns, sicherer als Habibs Laden, sicherer als Batuls Gärtchen, sicherer als das Haus von Aghdass, sicherer als das Café Mardschân ... dann sah er die Hände seiner Mutter. Die Hände einer Frau! Von diesen Händen stieg Licht empor. Jemand sagte ihm: «Hier sind die Hände deiner Mutter.» Er wiederholte das ständig. Aber es stimmte nicht, und dennoch glaubte er es beim nächsten Mal wieder.

Er war sich mit der Hand durch die Haare gefahren. Sein Schnurrbart hatte gezittert, die Muskeln in seinem Gesicht auch.

Das Telefon hatte gelingelt. Zweimal. Dreimal. Er hatte den Hörer abgenommen.

«Komm, ich muss mit dir reden.»

Es war Talâ. Aus dem Zentrum von Tehrun bis zu den Berghängen im Norden der Stadt brauchte er nur siebzehn Minuten. Als Behdschat die Tür öffnete, platzte plötzlich ein großer Junge herein. Er lief in Talâs Zimmer, und dort bekam er einen neuen Wutausbruch.

Verwirrt kam Talâ näher. Die erstaunten Augen lagen im dünnen Schatten von Haarsträhnen, die ihr Gesicht zur Hälfte bedeckten, sie starrte ihn offener als gewöhnlich an. Asche fiel von der hölzernen Zigarettenspitze, die sie sich versonnen, den Daumen unter dem Kinn, an die Lippen hielt, auf den Teppich. Vor Erstaunen hielt sie den roten Mund leicht geöffnet. Dann füllte plötzlich – wenn auch etwas verzögert – eine Wolke, die Wolke, die Kerâmats Körper gleich einer Aureole stets wie ein Hemd einhüllte, das Zimmer. Talâ ging auf ihn zu. Sie streckte die Hand aus und strich Kerâmat eine Locke aus der Stirn nach hinten.

Das war sie, sie selbst. Diese Hände, die Hände seiner Mutter; zärtlich und warm, verbreiteten sie etwas Schützendes im Raum. Er hob sie hoch und bedeckte sein Gesicht mit den Händen der Frau. Er wünschte, sie wären größer, groß genug, um seinen ganzen Körper zu bedecken. Oder er müsste kleiner werden. Klein genug, um in einen sicheren, warmen Hohlraum zu passen.

Talâ packte ihn mit beiden Händen am Arm. Als wäre der die Säule einer Pilgerstätte. Sie schloss die Augen und drückte ihr Gesicht dagegen. Sie hörte seinen Herzschlag, und dann sagte sie: «Ich weiß, dass es mit dem andern niemand aufnehmen kann. Aber warum Turadsch? Hast du dich bloß ihm gegenüber stark genug gefühlt?... Wer mich erpresst, ist der Oberst. Verstehst du? Erpresst!»

Kerâmat vergoss Tränen. Er fühlte sich so schutzlos, dass sein Gesicht aussah wie das eines kleinen Jungen. Er drückte sich die Fäuste gegen die Augen. Dann führte er sich auf wie ein Kind, das seine Mutter verloren hat, stampfte mit dem Fuß auf und raufte sich die Haare.

Endlich wurde er still. Er drehte sich um und ließ sich auf einen Stuhl fallen. Seine Bewegungen waren wieder eisenhart. So etwas war er nicht gewohnt. Er musterte sein Gegenüber. Er schob den Unterkiefer vor. Eine mörderische Kraft, ein Zerstörungswahn staute sich in unsichtbaren Wellen Sekunde für Sekunde im Zimmer auf. Talâ stand entgeistert unbeweglich mitten im Zimmer, sie wagte nicht, sich zu rühren.

Kerâmat streckte die Hand nach einem kristallenen Salznäpfchen auf dem Tisch aus und nahm es in die Hand. Er starrte einen Augenblick mit geballten Fäusten vor sich hin. Seine Nasenflügel, seine Augenlider, seine zusammengepressten Lippen, alles fing mit einem Mal an zu zittern. Er drückte die Faust zusammen.

Talâ rührte sich nicht vom Fleck, sie schaute ihn unverwandt an, und ihre Augen wurden von Sekunde zu Sekunde größer und größer. Die violetten Adern in der Hand des Mannes drohten zu platzen. Das Gesicht lief nach und nach blau an, die Schweißperlen standen ihm auf der Stirn, und dann hörte Talâ, wie etwas zerbrach.

Kerâmat hielt die Faust immer noch geschlossen, aber nun breitete sich unter der Haut seines Gesichtes sanft und sacht eine beruhigende, warme Welle von Zufriedenheit aus; Blut tropfte auf den Teppich.

Talâ stand immer noch stocksteif da. Dieser Mann brachte sie außer Fassung. Was für eine Körperkraft und Stärke! Dies Salznäpfchen hätte man nicht einmal mit einem Hammer zerschlagen können.

Sie kam auf Kerâmat zu und ging vor ihm in die Knie. Sie nahm seine blutende Faust zwischen die Hände. Vergeblich versuchte sie, sie zu öffnen, dann küsste sie sie stattdessen nur. Sie wischte Kerâmat die Tränen vom Gesicht. Darauf streichelte sie ihm übers Haar. Sie stand auf. Sie drückte Kerâmats Kopf gegen ihre Brust und sagte mit vor Groll halb erstickter Stimme: «Wenn ich doch nur nie deine Tränen gesehen hätte!»

Kerâmat erwiderte schluchzend: «Du bist die Erste, die sie zu sehen kriegt. Bisher hat mich noch nie jemand weinen sehen.»

Er war durch die dunkle Gasse gelaufen. Der englische Unteroffizier war weit hinter ihm zurückgeblieben. Überall war Nacht, und Teheran zeigte in der beängstigenden Stille, die ihm keinerlei Schutz bot, seine Gleichgültigkeit. Kerâmat legte sein tränenverschmiertes Gesicht an die kalte Mauer einer Gasse und rief verzweifelt nach seiner Mutter.

Aber die war nicht da.

Talâ hatte ruhig gefragt: «Hat dich wirklich und wahrhaftig bis jetzt noch niemand weinen sehen?»

Kerâmat zögerte und schaute sein Gegenüber an. Eine Frau warf die schwarzen Haarsträhnen, die auf ihrer Brust lagen, nach hinten. Sie hatte ein helles Gesicht und eine freundliche Miene. Ihre warmen Hände rochen angenehm.

Und wieder floss ihm allmählich ein wohliges Gefühl der Zufriedenheit in kleinen Wellen unter der Haut durch die Adern und durch die tiefsten Schichten seiner Seele. Er hatte einen Augenblick das Gefühl von Frieden. Als ob etwas Köstliches, Süßes ihm tropfenweise die Kehle hinabränne und eine lustvolle Schläfrigkeit ihn mit schweren Augenlidern einen Moment die Grenze zwischen Wachen und Schlafen überschreiten ließe. Und er suchte mit geöffnetem Mund die Mutterbrust.

Aber auf jeden süßen Traum folgte das Erwachen. Und das Wachsein brachte immer das Gefühl der Schutzlosigkeit mit sich. Er schluchzte laut und drückte seinen Kopf noch fester an Talâs Brust, sodass ihr Kleid ganz nass wurde.

Als ob von den Brüsten einer Frau etwas Warmes, Schützendes ausgehe; wie ein zärtlicher Nebel hüllte es ihn ein. Und die Erinnerung daran stieg in ihm auf.

Hier und jetzt, genau in diesem Augenblick fühlte er sich so geborgen wie noch nie zuvor in seinem Leben. Die Wärme solcher Weiblichkeit in jenen kurzen, fernen Momenten, hinter dem Nebel der langen Jahre, die seitdem an ihm vorübergegangen waren, kam ihm vertraut vor und berührte ihn in tiefster Seele. Diese Geborgenheit hatte er einst erfahren. Aber wo? Und wann?… Jene Frau mit dem schemenhaften Gesicht legte ihre erdigen Hände an den Türpfosten.

Er stampfte mit dem Fuß auf und heulte: «Liebe Mutti!… Mutti!»

Der englische Unteroffizier reinigte die Spitze seines Gliedes mit einem Zipfel vom Hemd des zwölfjährigen Jungen, dann zog er sich die Hose hoch und entfernte sich in der engen, dunklen Gasse, ohne sich noch einmal umzusehen.

Das Telefon klingelte.

5

Acht Uhr abends

Kaum hatte Kerâmat den Hörer abgenommen und Hallo gesagt, als am anderen Ende der Leitung jemand antwortete: «Ich bin's, Talâ!»

Dann fügte sie sofort hinzu: «Bitte leg nicht auf ... ich muss mit dir reden!»

Kerâmat wäre sowieso nicht auf eine solche Idee gekommen und erwiderte: «Mach dir keine Sorgen, ich leg schon nicht auf. So viel Anstand hab ich noch.»

Talâ lachte kokett: «Gott strafe dich, wenn du mich verstößt!»

«Nach zwanzig Jahren!»

«Nein, nach fünfzehn, höchstens sechzehn Jahren. Als ich dich das letzte Mal gesehen habe, war das vielleicht sieben oder acht Monate nach der Revolution.»

Dann setzte sie hinzu: «Oder passt es jetzt nicht? ... Kannst du von da aus reden?»

Kerâmat antwortete: «Sprich nur ... Ich höre.»

«So kühl? Ich dachte, wenn du meine Stimme hörst, würdest du vor Freude einen Herzschlag bekommen!»

«Ach, und deswegen hattest du Angst, ich würde auflegen?»

Talâ lachte laut auf, und Kerâmat sagte mit einer Stimme, in der deutlich Verlangen, wenn nicht sogar Lüsternheit mitschwang: «Du lachst immer noch genauso verlockend wie früher.»

Mit dieser Bemerkung enthüllte er seine tiefsten, verborgensten Gefühle für diese Frau.

Talâ machte kokett: «Hm!»

Und Kerâmat erwiderte: «Du Liebe!»

Dann herrschte eine Weile Schweigen. Die Verlegenheit, die Kerâmat jetzt spürte, schwand nach und nach angesichts der Tiefe und der Stärke der Beziehung, die die beiden so lange Jahre miteinander verbunden hatte, und löste sich plötzlich in Rauch auf.

Talâ erkundigte sich: «Und du? Was ist mit dir? … Kicherst du immer noch so süß, als ob du an einem Stück Kandiszucker lutschst?»

«Ich hab nichts zu erzählen. Mir geht's ziemlich dreckig, und ich fühle mich einsam.» Das sagte er in gedrückter Stimmung.

Talâ antwortete: «Ach, sag doch nicht so was! Sonst fang ich an zu heulen.»

Und dann fügte sie hinzu: «Kerâmat …?»

Danach schwieg sie. Aber bevor Kerâmat etwas sagen konnte, fragte sie mit einem Mal: «Können wir uns sehen?»

Kerâmat seufzte: «Mit mir lässt sich kein Staat mehr machen!»

Talâ antwortete neckend: «Das hört man deiner Stimme aber nicht an.»

Kerâmat wandte ein: «Ich bin jetzt verheiratet und habe drei Kinder …»

«Und? Was hat das damit zu tun?»

«Nun, ja …»

Talâ unterbrach ihn: «Sieh mal, wir haben so viele gemeinsame Erinnerungen, wir haben so viele Jahre zusammen verbracht. Das ist doch nicht wie ein Bleistiftstrich auf einem Stück Papier, den man mit einem Gummi ausradieren kann, und dann ist er weg. Hab ich nicht recht?»

Dem hatte Kerâmat nichts entgegenzusetzen. Also fuhr

Talâ fort: «Wir waren gute Freunde … wir haben uns gemocht … wir haben uns geliebt, das verschwindet doch nicht einfach spurlos.»

«Aber genau davor will ich jetzt davonlaufen.»

«Davonlaufen? Das geht nicht. Damals wolltest du auch vor deiner Vergangenheit davonlaufen. Du versuchst sowieso immer davonzulaufen.»

«Nach all diesen Jahren hast du angerufen, um mir das zu sagen? Um mir Vorhaltungen zu machen? Vielen Dank! Auf Wiederhören.»

Talâ entgegnete schnell: «Nein, nein! Leg nicht auf! Okay, okay.»

Und dann setzte sie gekränkt hinzu: «Wir haben keine gemeinsame Vergangenheit … Nichts! Aber weil ich weiß, dass du ein anständiger Kerl bist, möchte ich dich um einen Gefallen bitten.»

«Bitte!»

«Du weißt, dass sie zwei von meinen Häusern beschlagnahmt haben, sowohl die Villa in Schemirân als auch das Haus in Amiriye. Und du weißt, dass es im Islam eine Sünde ist, dem Nächsten sein Geld und Gut zu nehmen.»

Talâ zögerte, und Kerâmat meinte verlegen: «Ja und?»

«Was heißt hier ‹Ja und›? Sie müssen sie mir zurückgeben.»

«Na, dann hol sie dir doch zurück!»

«Das habe ich ja versucht.»

«Ja und?»

Talâ brauste auf: «Du hast schon wieder ‹Ja und› gesagt. Du musst mir helfen, sie zurückzukriegen. Ich brauche deine Hilfe. Ohne Geld und Beziehungen hab ich doch keine Chance.»

«Nun, meine Dame, Beziehungen braucht man nicht, und Geld müssten Sie ja genug haben.»

«Jetzt nennst du mich also ‹Dame›? … Sieh mal, ich lebe

schon seit Jahren nicht mehr hier. Ich habe keine Ahnung, was so was kostet.»

«Na, dann musst du eben jemand fragen, der das weiß.»

Talâ fragte misstrauisch: «Und du weißt es nicht?»

«Sollte ich?»

«Der Kerâmat, den ich gekannt habe …»

Kerâmat unterbrach sie: «Meine Dame, der Kerâmat, den Sie gekannt haben, lebt nicht mehr!»

«Das hast du mir schon mal gesagt, und ich hab's dir nicht geglaubt. Und ich glaub's dir jetzt auch nicht.»

Kerâmat schrie sie an: «Er ist tot, gnädige Frau, mause-tot!»

Und dann drückte er den Hörer fest auf die Gabel. Aber war er wirklich gestorben?

Talâ war ihm nach einer langen Reihe von vergänglichen, flüchtigen Liebesaffären ins Netz gegangen. Sie war nicht wie die anderen. Er selbst wusste nicht recht, wie ihn die Hand des Schicksals zu ihr geführt hatte. Aber sie war es und keine andere, seine Traumfrau. Eine Frau wie auf den Fotos in den Illustrierten.

Als Kerâmat ihr begegnete, sprang er sofort auf sie an. Sie war nicht bloß eine Frau, sie war eine Schönheit; sie war zauberhaft. Die Parfums, die sie benutzte, waren so teuer, dass Kerâmat nicht mehr wusste, wo ihm der Kopf stand, als sie ihm sagte, wie viel eins davon kostete. Der Preis dieser Frau war hoch, und sie ließ sich nur mit den Allerhöchsten ein. Mit Kerâmat spielte sie nur; sie nahm ihn nicht ernst. Plötzlich konnte die Tür aufgehen und ein General der städtischen Polizei hereinkommen.

Kerâmat zog dann immer hungrig und förmlich nach Wasser lechzend ab.

Das war nun mal ihre Art, aber Kerâmat machte sich nichts daraus. Was hatten die anderen schon, was er nicht hatte?

Und er sagte zu sich selbst, der Augenblick wird schon noch kommen, an dem sie mit dem Kopf gegen die Decke stößt.

Damit er sich mit einer Frau einließ, gab es für ihn nur eine Bedingung, nämlich, dass er sie begehrte; nicht mehr und nicht weniger. Aber darauf bestand er.

Er begann, sich Gedanken zu machen, er schmiedete Pläne. Wie sollte man das nennen? Liebe? War er verliebt? War er das? Er lachte hämisch und fuhr sich mit der Hand ans Geschlecht.

Ein paar Monate später bekam er Schlafstörungen. Er schnallte seinen Gürtel zwei Löcher enger. Büschelweise ging ihm das Haar aus. Nächtelang lag er wach und starrte an die Decke. Er roch das Parfum einer Frau, instinktiv drehte er sich um, und da erschien sie in all ihrem Glanz im Kreis ihrer Gefährten und verging wie ein Schatten in ihrer Mitte, aber bevor sie verschwand, stand sie unversehens einen Augenblick da, lächelte ihm mit strahlender Miene zu und wandte ihr Gesicht ab wie die Frauen in den Filmen, sobald ihnen Tränen in die Augen traten. Kerâmat hob den Kopf vom Kissen. Er rief sie sogar. Aber sogleich wurde die Decke wieder dunkel, und er wälzte sich hilflos im Bett hin und her. Er schlug mit der Faust auf das Kissen und verfluchte sich selbst. Die einzige Lösung war, sich damit abzufinden.

Ein neues Gefühl überkam ihn, etwas Ähnliches wie damals, als er Pari gesehen und mit ihr geschlafen hatte. Er sagte sich, vielleicht ist das der Höhepunkt des Lebens, dass man sich verliebt, verliebt ist und ... Der Rest ist scheißegal. Alles in allem ein schönes Gefühl, schön und quälend zugleich.

Eines Tages sah er mit einem Mal, dass der Himmel blau war. An einem anderen Tag bemerkte er, wie hübsch das Rauschen des Wassers im Straßengraben klang. An noch einem Tag bekam er Lust, sich vornüberzubeugen, um im

Garten an einer Rose zu riechen. Alle diese Dinge gefielen ihm, aber dennoch war die Liebe für ihn eine schwere Last, sie drückte seine Schultern allzu sehr. Bis er mit seinen blitzenden Augen, den Dolchspitzen seiner Schnurrbarthaare und dem süßen Kichern, das sich anhörte wie das Knirschen, wenn man einen Zuckerklumpen zwischen den Zähnen zerkaut, die Frau schließlich Schritt für Schritt zähmte. Es kam so weit, dass Talâ, wenn sie Kerâmat die Brust mit der Hand streichelte und jenen schwindelerregenden, herben Geruch, der wie eine Wolke aus den Poren des Mannes aufstieg, mit der Nase aufsog, am ganzen Körper zitterte. Kerâmat hob den Kopf und schoss einen hochmütigen Blick wie eine Stichflamme aus dem schmalen Schlitz zwischen seinen schweren Lidern ab. Seine Nackenmuskeln schwollen vor Stolz an, und sogleich wurde das ungestüme Wild unterwürfig und zahm.

Talâ hatte zum Beispiel allein auf den Höhen im Norden der Stadt zwei große, villenartige Häuser sowie eine weitere Villa in der Nähe des Kaiserpalastes. Diese lag in einem terrassenförmigen Gelände mit sich drehenden Springbrunnen, einem großen Garten voller Obstbäume, welche Früchte trugen, die Kerâmat in seinem ganzen Leben noch nicht gesehen, geschweige denn gegessen hatte. In der Stadtmitte besaß sie ebenfalls ein Haus mit einer luxuriösen Ausstattung. Sie hatte sogar eine Sekretärin und einen Privatchauffeur. Der Friseur kam zu ihr nach Hause, die Schneiderin ebenso. Ein Hund von der Größe eines Elefanten bewachte das Haus.

Später zeigte sie Kerâmat ihren idyllischen Garten. Darin wurden jeden Monat am ersten Freitag alle möglichen Vorrichtungen für Glücksspiele aufgebaut. Aus dem Ausland wurden Sänger und Kellner eingeflogen. Sie machten ganze Lämmer zu Kebâb, und in geschliffenen Cognacgläsern wurde Courvoisier serviert. Am nächsten Tag wurde das übriggebliebene Essen in Lastwagen in die Nervenheilanstalt von Amiriye gebracht.

Während Talâ Telefonanrufe entgegennahm, machte jemand Maniküre für sie, und die Schneiderin zeigte ihr, eine Nadel zwischen den Zähnen und ein Bandmaß um den Hals, Stoffproben; es kam vor, dass sie plötzlich mit einer Handbewegung alle, die um sie herum tätig waren, aus dem Zimmer schickte, weil sie etwas Vertrauliches zu besprechen hatte. Sie ging nie ohne Sonnenschirm aus, und ihren Tee trank sie ohne Zucker. Allerdings bekam die milchweiße Haut ihres Körpers Flecken von Zigarettenrauch und von den Rülpsern der Männer.

Jedes Mal, wenn Kerâmat rülpste, sagte sie: «Das musst du dir abgewöhnen.»

Dann senkte er den Kopf, blickte zu Boden, legte beschämt die Hände vor die Brust und drückte seine Lippen auf den Schönheitsfleck an ihrem Hals. Kerâmat wusste, dass er mit diesen einfachen Bewegungen seinen heißen Atem über ihre Stirn, die Wangen und den Hals der Frau streichen ließ und sie damit nahezu in den siebenten Himmel brachte. Sie rekelte sich dann wie eine Katze. Offensichtlich strömte ihr eine Welle wohliger Wärme durch die Adern.

Talâ ging im Winter Skilaufen. Mit Sonnenbrille, Wollmütze und -handschuhen ließ sie sich, Lachfalten im Gesicht, mitten im Schnee fotografieren. Sie zeigte Kerâmat die Bilder. Immer war sie umgeben von jeder Menge Männer. Und sie forderte ihn auf: «Komm du doch auch mal mit. Kannst du Skilaufen?»

Kerâmats massiger Körper schüttelte sich vor Lachen. Er sah sich noch einmal die Bilder an und befand dann: «Ich ausgewachsener Mann soll im Schnee rumrutschen gehen? Das ist doch Kinderkram.»

In dem Kalender auf Talâs Tisch sah er Kinokarten liegen. Es waren mehrere VIP-Karten. Er beachtete sie nicht. Ein paar Tage später, als Talâ ihre Tasche auf den Tisch leerte, um etwas zu suchen, sagte sie plötzlich: «Ach, sieh mal die Karten hier! ... Ich kann sie nicht gebrauchen. Willst du sie?»

Kerâmat fischte die Karten aus dem Krimskrams heraus. Es waren sieben Stück, von drei verschiedenen Kinos. Talâ meinte: «Ich hatte doch noch mehr.»

Und dann blätterte sie den Kalender durch. Sie nahm die Billetts heraus und sagte: «Vielleicht sind die hier verfallen. Lass mal sehen.»

Kerâmat gab ihr auch den Rest. Talâ fuhr fort: «Ja ... Der Film da läuft nicht mehr. Aber die andern hier doch. Das hier soll ein toller Film sein, ‹Gheyssar›.»

Mut und Ehre! Darum kreiste sein Denken, doch ihm selbst war das nicht bewusst. «Gheyssar» holte es aus seinem Hinterkopf heraus und führte es ihm vor Augen. Er bewirkte eine drastische Veränderung in ihm. Er dachte, selbst wenn jemand ein Messer in der Hand hält, kann er etwas Gutes vorhaben. Außerdem, wie können die Schufte es wagen, es den Schwestern von anständigen Leuten zu besorgen, besonders Schwestern, die wie blühende Rosen aussehen ... und dann tauchten der englische Unteroffizier, eine Fünf-Riâl-Note und die dunkle Gasse in seiner Erinnerung auf. Die meisten dieser Filme ähnelten seinem eigenen Leben. Es waren immer schutzlose Opfer von Unterdrückung, denen unrecht getan wurde. Sich bei der Polizei zu beschweren war sinnlos, man musste selbst Rache nehmen.

Später pfiff er die Filmmusik von «Gheyssar» bei jeder passenden und unpassenden Gelegenheit vor sich hin, sie klang ihm ständig im Ohr. Er beugte sich vornüber und klappte die hinuntergetretenen Hinterkappen seiner Schuhe hoch. Er hatte ein Federmesser mit Perlmuttgriff. Jawohl! Die Polizisten hatten nicht den Mumm dazu. «Gheyssar» selbst hatte an den Straßenjungen aus der Oberstadt Rache genommen.

In der Erziehungsanstalt waren auch die Messerstecher die Coolsten gewesen. Und unter den Messerstechern waren Hassan, «der Kreisel», und «der gestiefelte» Ahmad cooler als alle anderen. Er hatte sie dort kennengelernt, und sie hatten ihm verklickert, dass die Welt keinen Furz wert war, ihnen hatte er es zu verdanken, dass ihm Augen und Ohren geöffnet wurden und er endlich begriff, wie der Hase lief.

Nachdem er aus der Besserungsanstalt entlassen worden war, hatte er sich ein Zimmer hinter einem halb verfallenen Bad genommen. Ein Teppich von der billigsten Sorte, wie er in den Moscheen ausliegt, und eine Gaslampe waren sein ganzes Vermögen. Aber seine Augen hatten eine gewisse Ausstrahlung, und wegen seiner Augen war Batul bereit, sich ihm zu Füßen zu legen. Sie stammte aus Kermânschâh.

«Ich bin verrückt nach dir; ganz verrückt nach deiner behaarten Brust.»

Damals ließ er sich den Rücken und die Arme tätowieren; er brauchte ihr nur ein bisschen von seiner Männlichkeit zu zeigen, und schon war sie hin und weg.

Es war Kerâmats beste Zeit. Batul gab ihm alles, was sie verdiente. Als er einmal Schwierigkeiten hatte, verkaufte sie sogar alles Gold, das sie hatte, machte es zu Geld und überreichte es ihm. Kerâmat eröffnete seine Fleischerei. Und Batul schrieb ihre Forderung in den Wind. Und nie wieder war die Rede davon. Sie wusste, dass er es nicht zurückzahlen würde.

Ein großes Lokal für Tschelou-Kebâb, mit Spiegeln verziert und alten Lampen geschmückt. Das war Kerâmats Traum. Das Kapital sollte von Batul kommen und die Arbeit von ihm. Diese Verteilung der Lasten war seiner Ansicht nach nur recht und billig. Wozu brauchte Batul denn so einen großen Garten? Wozu sollte das gut sein?

Sie wandte ein: «Nicht mal die Eigentumsverhältnisse sind richtig geklärt.»

«Ich Trottel! Es war anscheinend ein Fehler von mir, den armen Kerl von einem Gläubiger zum Teufel zu schicken. Ich hätte Geschäfte mit ihm machen sollen.»

Dann schüttelte er seine Pranken vor Batuls Augen, um zu zeigen, dass er nun mit leeren Händen dastand: «Nichts … Jetzt hab ich nichts in der Hand.»

Batul wusste, dass sie danach nichts mehr besitzen würde, also ließ sie sich nicht darauf ein. Kerâmat aber gab nicht auf.

Batul erfand Ausreden: «Der Garten gehört mir gar nicht. Warum kapierst du das denn nicht?»

«Wem denn dann? Wem gehört er denn?»

Er fühlte sich beschissen. Und als er eines Tages Hassan, den «Kreisel», traf und ihm sein Herz ausschüttete, riet ihm dieser: «Das ist doch kein Problem! Überlass sie eine Weile sich selbst; dann kommt sie von alleine wieder angekrochen.»

Kerâmat erwiderte: «Aber ich weiß doch, dass ich ohne Frau nicht auskomme.»

Hassan, «der Kreisel», nahm ihn an der Hand und führte ihn in das Haus von Aghdass. Sie hatte gerade alle Vorbereitungen für eine Party getroffen. Sie selbst spielte den Mundschenk, reichte die Schalen herum und kitzelte die Männer mit ihren Locken im Gesicht. Ihre Haare rochen nach Kaffee und Kokosnuss, glänzten und waren voll. Sie spielte auf der Laute, und wenn sie angeheitert war, ließ sie sich im Schneidersitz in der Mitte der Runde nieder. Dann warf sie den Kopf nach hinten, wiegte ihn gleichmäßig wie ein Pendel hin und her und sang dazu. Es waren bittere, traurige Lieder, und wenn ihre Stimme an Höhe gewann, stockte Kerâmat das Blut in den Adern, und er musste an all sein Unglück denken. «Bei allem, was dir heilig ist, hör auf. Sonst sterbe ich vor Kummer.» Die Männer gaben ihr eine Menge Geld, sie steckten ihr die Scheine ins Mieder; und wenn einer herunterfiel, machte sie sich nicht die Mühe, ihn aufzuheben. Sie war hochgewachsen, hatte einen Körper voller Saft und Kraft und dichtes Haar. Sie war bildschön. Atemlos und unbeweglich wie ein Stock saß Kerâmat da und starrte die Frau an. Wenn zwischen einem Treffen und dem nächsten mehr als eine Woche lag, drehte Kerâmat später beinahe durch.

«Du Schuft, wo hast du sie so lange versteckt gehalten?»

Hassan, «der Kreisel», grinste hämisch: «Das Luder lässt nicht jeden gleich ran.»

Aghdass übersah ihn, aber damit der Mann sich nicht resigniert von ihr abwandte, schoss sie im letzten Augenblick mitten aus ihrer glänzenden, schwarzen Haarpracht, bevor sie durch ein Kopfschütteln ihr Gesicht ganz darunter verbarg, quer durch das Zimmer einen feurigen Blick auf ihn ab. Die elektrische Ladung dieses kurzen Augenblicks reichte Kerâmat für eine Woche.

Kerâmat kam in der nächsten Woche wieder, und wieder beachtete Aghdass ihn kaum. Sie hatte keinen Bedarf. Er wusste, dass es nicht leicht sein würde, an sie heranzukommen. Er wartete darauf, dass sie etwas von ihm wollte. In der Menge schaute er Aghdass unverwandt an; sie wich seinem Blick aus wie ein kleines Mädchen. Aber Kerâmat gab nicht auf. Ihm war klar, dass es bis zum Ende der Welt noch ein Weilchen hin war.

Nach ein paar Monaten sah es so aus, als ob die beiden wüssten, es würde nicht mehr lange dauern. Allerdings stand ihm auch noch eine von den Unterweltfiguren aus dem Obst- und Gemüsegroßhandel im Weg. Nur eine Nacht! Nur eine Nacht pro Woche gehörte Aghdass diesem Kerl. In den übrigen Nächten war sie frei. Aber das Schlimmste in ihrem Leben war ein schlankes, großes Jüngelchen, das alle Augenblicke aufstand, wenn sie sich zusammensetzten, Aghdass die Hände auf die Schultern legte, ihr albernerweise einen Schmatz auf die Backe gab und beteuerte: «Du hast nur einen wahren Freund auf der Welt, und das bin ich.» Es gefiel Aghdass nicht, wie er sich aufführte. Sie wurde ärgerlich und wischte sich voller Unmut seine Spucke vom Gesicht. Aber er hörte nicht auf damit.

Das Jüngelchen nahm Schnee. Und am nächsten Tag schlief er dort immer bis Schlag zwölf Uhr. Aghdass musste ihn gewaltsam hinauswerfen lassen. Sein Vater war irgenein Oberst. Er trieb es so weit, dass Kerâmat schließlich eines Abends wie der heilige Georg vortrat, einen Schrei ausstieß, seine Muskeln knacken ließ, ihn hinten am Kragen packte und hochhob. Wie ein kleines Küken hielt er ihn in die Luft und klatschte ihn an die Wand. Der arme Wicht bekam beinahe einen Herzanfall. Und dann zeigte er ihm die Klinge seines Messers: «Wenn du dich bei deinem Papa beklagst, schneide ich dir die Eier ab.»

Der Junge brach in Weinen aus, und die Stimmung in der Versammlung wurde eisig. Aghdass hob den Kopf hoch, niemand kümmerte sich mehr darum, die leeren Gläser wieder zu füllen. Unwirsch und murrend gingen die Gäste einer nach dem andern fort, ohne sich zu verabschieden.

Kerâmat blieb da. Aghdass beklagte bis zum Morgengrauen ihr Unglück, sie legte den Kopf auf den Bauch der Laute und weinte. Dann schmiegte sie sich wie ein Kätzchen an Kerâmat: «Sei mein Beschützer!»

Auf der erleuchteten Leinwand, vor der sich in Kerâmats Kopf mit einem Mal der Vorhang hob, zeigte sich einen Augenblick lang «Gheyssar» und verschwand wieder. Die Straßenjungen machten sich bereit, Knall auf Fall zuzuschlagen, und klappten die hinuntergetretenen Hinterkappen hoch. Die Schwestern in ihren weißen Gebetsschleiern senkten keusch und züchtig den Kopf und drückten sich an die Häuserwände.

Ein schwarzer Trauerwimpel, ein an den Blechtank eines

Wasserhäuschens geketteter Becher, der erbauliche Klang des Gebetsrufs, der gebrochene Widerschein von Kerzen im Spiegelmosaik einer Gebetsnische und ein, zwei Dutzend Tauben, die durch den Azur des Himmels flogen.

Die Frau schmiegte sich noch enger an ihn und wiederholte: «Sei mein Beschützer!»

Kerâmat schwoll die Brust vor Stolz, er senkte die Augenbrauen, und seine zerfurchte Stirn glättete sich. Sein von Brillantine glänzender Haarschopf bewegte sich bei jedem Atemzug auf und ab wie die Federn der Wahrzeichen, die man bei Trauerprozessionen durch die Straßen trägt. 105

Die Tränen der Frau hatten den Brustvorsatz völlig durchnässt. Wenn er sich nicht für die Ehrenrettung dieses Volkes einsetzte, wenn er den Feiglingen nicht entgegentrat, wenn er den Unterdrückten nicht ihr Recht verschaffte, was sollte dann aus den Leuten werden? Er fühlte, wie die Schutzlosigkeit des schwachen Geschlechts gleich einem Sturm das Meer seines Stolzes aufwühlte und trotzige Wellen auf ihn zurollten, um ihn jählings zu ertränken. Das war ein süßes Gefühl, und es hielt lange an.

Feiglinge! … Er lief, in Gedanken lief er. Er lief in die Vergangenheit, und mit einem Mal sah er, dass ein ganzer Haufen von Feiglingen ihn diese ganzen Jahre lang gequält hatte. Der Herr seines Dorfes! Er hielt neben dem Weizenfeld, riss ihnen das Tuch mit dem Brot aus den Händen und zerbrach ihnen den Krug Wasser. Er war gekommen, sein Geld einzutreiben. Sogar die Mutter! Sie versteckte das Brot vor ihm.

Tehrun! Die große Stadt, aus deren Häusern der Geruch nach gekochtem Reis aufstieg. Der englische Unteroffizier! Und später Habib, der Kerâmat, wenn sie in der Vorratskammer seines Ladens allein gewesen waren, den Daumen in den Hintern gesteckt hatte … Er schlug sich mit der Faust auf die Fläche der anderen Hand, in seiner Brust heulte der blutende Welpe eines wilden Tieres, und seine Augen glühten. Sein ganzes Wesen loderte vor Zorn.

Jetzt nahm er den Geruch von Roten Rüben wahr. Von heißen Roten Rüben und dem süßen Dampf, der von dem runden Feuerschein auf dem Karren aus dem Topf aufstieg. Die Luft war kalt, und seine Finger waren vom Frost ganz steif geworden. Aus einer nahe gelegenen Schenke drangen der Klang einer Laute, Lachen und Schwatzen. Manchmal sang jemand ein Lied, man klatschte und pfiff, dann wurde wieder gelacht.

Die Läden waren alle geschlossen. Im nächsten Augenblick verschwanden auch die Karren und mit ihnen die leuchtenden Töpfe voller Glut, die darauf standen. Er schaute in die andere Richtung auf den Platz, alles wurde von der Dunkelheit verschluckt. Hier war noch Licht, und solange es Licht gab, ließ sich die Kälte ertragen, sogar der Hunger. Das wusste er instinktiv. Wieder sah er zu den Gluttöpfen hinüber, der helle Hof um sie herum kam ihm vor wie die kleine Vorratskammer eines Hauses.

Er tat einen Schritt auf das Licht zu, aber schnell zog er sich wieder zurück. Er gehörte nicht dorthin. Er blickte von Neuem zu der Schenke hinüber, aus deren hellem Eingang, zu dem Stufen hinunterführten, ab und zu Menschen herauskamen, torkelnd und heiter, manche waren allein, aber sie sangen, manche waren nicht allein, aber auch sie sangen.

Kerâmat drückte sich an die Wand; ihm wurde nicht warm. Er faltete die Hände und führte sie zum Mund. Er biss hinein. Schmerz fühlte er nicht, nur den salzigen Geschmack des Blutes. Es schmeckte gut. Er kaute auf seinen Fingern. Er wurde vor Hunger fast ohnmächtig. Plötzlich kam ein englischer Unteroffizier hinter dem Rübendampf hervor und ging an dem runden Feuerschein des leuchtenden Gefäßes mit der Glut vorbei. Er schaute ihn an, er kam auf ihn zu und schaute ihn an, und dabei zog er eine Fünf-Riâl-Banknote aus der Tasche.

Der Druck des Albtraums, den er vor mehr als fünfzig Jahren im Wachen gehabt hatte, war so überwältigend, dass er Kerâmat wieder ins «Jetzt» zurückholte, an diesen schwer erträglichen Punkt. Er machte eine Bewegung, als wiche er vor einem Angriff der Vergangenheit zurück. Er verließ die Mitte des Salons und blieb vor einem der mannshohen Fenster stehen. Er riss die Augen auf und starrte auf der Suche nach etwas, er wusste nicht, wonach, in den Garten. Die Roten Rüben waren verschwunden und die Töpfe mit der leuchtenden Glut mit ihnen, und das einzig Wirkliche war jener englische Unteroffizier. Er starrte in die Dunkelheit und murmelte: «Ich werd es dir heimzahlen!»

Es drückte ihm die Brust zusammen. Er griff nach seinem Hemdkragen, zog ihn mit aller Kraft, die er in seinen Pranken hatte, nach vorn und keuchte: «Ich werd es euch allen heimzahlen!»

Die Reihe der Gefangenen zog an ihm vorüber, mit verbundenen Augen, sodass sie nichts sehen konnten. Die Hand auf der Schulter des Vordermannes, zogen sie in einer langen Reihe vor seinen Augen vorüber. Jenes große Gefängnis mit all den politischen Gefangenen, das war sein Reich; allein sein Reich.

Seine zornige Miene wich einem hysterischen, wiehernden Lachen aus den Mundwinkeln. Er fuhr sich mit der Hand ans Geschlecht und sagte sich selbst: «Es stimmt schon, dass ich von da unten gekommen bin, aber trotz allem habe ich's bis hierher geschafft.» Dann schaute er wieder ins Dunkel. Aber gehörten Ghontsche, die Kinder, seine Bankkonten, die Villen und Häuser, Passagen und Geschäfte und alles andere, was er besaß, wirklich ihm?

Vielleicht war das Einzige, was wirklich ihm gehörte, diese Vergangenheit? Die Vergangenheit, von der er ständig fürchtete, sie könnte zurückkehren. Dann machte er noch einmal dieselbe Bewegung, mit einem schiefen Maul lachte er höhnisch vor sich hin und ging zum Telefon. Er wählte die Nummer des Gefängnisses.

«Schickt mir sofort ein Auto, um mich abzuholen!»

Aber auf einmal hatte er wieder Talâs weiche Stimme und ihr süßes Lachen im Ohr. Wie ein Angelhaken zog diese Stimme den alten Kerâmat aus den Tiefen seines Wesens hervor und führte ihn sich wieder vor Augen.

6

Zehn Uhr abends

Er kam zurück. Ghontsche und die Kinder waren noch nicht wieder da. Das Haus war öde und verlassen. Drinnen lehnte er sich an die geschlossene Tür und machte die Augen zu. Das Auto, das ihn hergebracht hatte, wendete mit quietschenden Reifen und fuhr davon. Als ob damit ein Druck von seinen Augen genommen wäre, öffnete er sie wieder. Er war erneut allein.

Früher hatte er immer gesungen, wenn er allein war. Lieder, in denen der Mondschein vorkam, treulose Geliebte und Straßenjungen, auf die Verlass war. Er versuchte, sich an eins dieser Lieder zu erinnern, er zermarterte sich das Hirn.

Eine ungepflasterte, ansteigende Straße, ein Café im Freien; am Ende einer langen Chaussee, die bis zum Saum der Berge reichte. In den Sommernächten war es ein beliebter Treffpunkt. Ein Treffpunkt der wackeren Straßenjungen, die sich in eine Stimme verliebt hatten, die Stimme einer Frau!

Eine Liebe, ein Rendezvous, das Café «Teheraner Paradies», eine große Bühne, farbige Neonleuchten. Eine Lampe, die sich drehte und von einer Farbe zur andern wechselte. Grün, rot, golden, blau. Es gab Holzstühle, die bei der kleinsten Bewegung knarrten, und eine Frau, die mittendrin sang und tanzte. Mahwasch, eine verheiratete Frau; sie trat dennoch unbekümmert auf. Nein, verklemmt war sie nicht. Aber sie hatte eine innere Reinheit, hatte etwas von einem naiven Jungen mit den Gesten und Gebärden einer Frau. War sie wie eine Schwester von ihnen? Mit Ehrgefühl? Was war sie? Ein ehrbarer Lump! Beschützerin von obdachlosen Familien ohne einen Ernährer. Geld bedeutete ihr nichts.

«Hat diese Hüfte keinen Schwung?», sang sie.

Die Männer im Café riefen im Chor: «Wer sagt denn so was?… Die Schwiegermutter macht dich bloß schlecht!… Sie ist ungerecht, sie ist ungerecht!»

Mahwasch sang ein Lied nach dem andern, mit ihren ausladenden, schwungvollen Hüften, ihren vollen, roten Lippen und ihrem kurzen, engen Satinkleid. Wenn die Nacht zu Ende ging, warfen die Straßenjungen Unmengen Geld auf die Bühne und verließen betrunken und betrübt das Café.

Von diesen Nächten ließ sich Kerâmat nicht eine entgehen.

Und er selbst war es, der Aghdass schließlich eines Abends die Nachricht vom Tode Mahwaschs überbrachte: «In dieser Stadt gab es nur einen richtigen Mann, und der ist jetzt tot!»

Er regte sich mächtig über die Treulosigkeit der Welt auf, und plötzlich fing er an zu singen. Aghdass legte die Hände um seinen Nacken und drückte ihm den Mund auf den Hals. Sein Tremolo ließ seinen Adamsapfel unter ihren Lippen zittern.

An diesen Abenden trank er so viel Arak, dass er in Flammen aufgegangen wäre, wenn man ein Streichholz an ihn gehalten hätte, und schließlich schlief er bis oben hin voll zwischen Gläsern und Flaschen ein. Und dann… – aber das lag nicht mehr in seiner Macht – wenn eine ganze Welt von Trauer seine Brust erfüllte und sein Kopf auf dem Boden lag, träumte er von einer ganzen Herde Frauen, träumte von einem großen Tablett mit Sahnekuchen, träumte von zehn Portionen Tschelou-Kebâb.

Aber da war noch ein anderer Todesfall, der das Leid um den Tod von Mahwasch und jeden anderen Toten in seinem Geist verblassen ließ, der Tod von Tachti, dem Weltmeister im Ringen.

Die Nachricht schlug ein wie eine Bombe. Schon lange vorher hatte sich Kerâmat sein Bild ins Zimmer gehängt. Darauf überreichte der Schah ihm die Siegestrophäe. Tachti war ein Juwel unter den Ringern, ein unschlagbarer Meister.

Sie waren allesamt erschüttert, Groß und Klein. Hinter vorgehaltener Hand erzählte man sich, dass der Savak ihn auf Befehl des Schahs beseitigt hatte, Tachti, den strahlenden Stern der Stadt. Niemand außer dem Schah sollte ein Publikumsliebling sein.

Aufgewühlt und untröstlich trank Kerâmat bis zum frühen Morgen Arak. Er war unzufrieden mit sich und der Welt. Der Schah, dem die Unterdrückten und die Entrechteten Krone und Thron zurückgegeben hatten, trat diese jetzt mit Füßen. Mit einem Mal brauste er auf. Er fuhr sich mit der Hand ans Geschlecht und verfluchte Gott und die Welt. Er zertrümmerte die leeren Flaschen an der Wand und zertrampelte alles, was um ihn herumlag. Nein! Das war kein Land für Treue.

Am nächsten Tag widersprach ihm Scha'bun, noch bevor er den Mund aufmachen konnte: «Manchmal gehört es zum Regieren, dass man sich ein Auge ausreißen muss. Du bist noch zu jung, das verstehst du nicht.»

Kerâmat schwieg. Über Tachtis Tod sprach er mit niemandem auch nur ein Sterbenswörtchen. Aber tief in seinem Inneren war er davon überzeugt, dass dieser überhebliche Schah zu keinem anständigen Menschen eine gute Beziehung hatte.

Dieser Tod war nicht wie alle anderen. An diesem Tag war auf dem städtischen Friedhof ein solches Gedrängel, dass nicht einmal eine Nadel hätte zu Boden fallen können. Auch junge Leute waren da, Studenten, Reiche und Arme, alle trauerten gemeinsam.

«Ich suche jemanden, der Manns genug ist, den hier rauszuziehen.»

Der Krummdolch steckte bis zum Heft im Boden. Eine Stadt ohne richtige Männer, eine Stadt ohne Kerle mit Mumm, ließ es sich da vielleicht leben?

Damals konnte er nachts nicht schlafen, und gegen Morgen trat Tachtis Schatten aus der Wand hervor. Immer wieder hallte seine harte, heisere Stimme in Kerâmats Ohr nach: «Ich suche jemanden, der …»

Kerâmat schaute den Dolch mit blutunterlaufenen Augen an. Er schlug sich die mächtigen Pranken vors Gesicht und weinte: «Es gibt keine Männer mehr, keine Männer mehr, keinen einzigen.»

Die Bilder von Tachtis Witwe in Schwarz und von seinem Sohn, der noch in den Windeln lag, füllten alle Zeitungen. Kerâmat betrachtete das Bild des Säuglings, legte die Hände über Kreuz vor die Brust und schwor sich: «Ich selber werde mich um ihn kümmern, ich selber …»

Und die Wut schnürte ihm die Kehle zu.

Mehrere von den Tehruner schweren Jungs, zum Beispiel Tayyeb, hatten schon vor Jahren mit dem Schah gebrochen. Damals im Sommer 1963 hatten jener und seine Bande während der Âschurâ-Feierlichkeiten bei den Trauerprozessionen Bilder von Chomeyni hochgehalten, und danach waren sie dann auch über Kerâmats und Scha'buns übrige Leute hergefallen. Auf beiden Seiten gab es eine ganze Reihe Verletzte. Seitdem war Kerâmat hin- und hergerissen. Als die Zeitungen das Foto des Unruhestifters Abdo'l-gheyss-e Dschudschu abdruckten, hatte Scha'bun ihm gesagt: «Siehst du den? Das ist der Mann, der von Nasser Geld bekommen hat, um es unter den Jungs von Tayyeb zu verteilen, damit sie einen islamistischen Aufstand anzetteln.»

Tachtis Tod machte seinen Zweifeln ein Ende. Er schrieb den Schah ab. Dieses Land wurde für die anständigen Jungs Tag für Tag unerträglicher. Die Mode, die Ausländer nachzuäffen, griff auch immer weiter um sich.

Ein Jahr verging, dann zwei Jahre und schließlich drei. Talâ wollte damals zurückkehren, aber ihr kam allerlei zu Ohren. Zu Kerâmat sagte sie: «Anscheinend gibt es Neuigkeiten.»

Und es gab Neuigkeiten. In aller Unschuld fragte sie ihn: «Kannst du denn nicht herkommen?»

In verschiedenen Städten brachen Unruhen aus, mit Demonstrationen gegen den Schah. Kerâmat hörte unterschiedliche Gerüchte. Er schlug sich jedes Mal auf die Schenkel und sagte sich: «Es geschieht ihnen recht!»

Der Schah und Carter standen mit tränenüberströmtem Gesicht nebeneinander und sprachen, erst der eine, dann der andere, ins Mikrofon. Amerikanische Polizisten jagten die Menschen mit Schlagstöcken und Plexiglasschilden, und aus den Läufen der Kleinkalibergewehre kam statt Kugeln etwas heraus, was sich in eine Masse weißer Wolken verwandelte; es hieß, das war Tränengas. Das alles wurde im Fernsehen gezeigt. Diese Tränen erfreuten Kerâmats Herz. Gebannt starrte er auf den Bildschirm, machte einen Schritt nach vorn und rief aus: «Er sollte sich schämen! Er heult wie ein Weib!»

In jenem Jahr gab es im Fastenmonat Ramadân in der ganzen Stadt nach dem Abendgebet um die Moscheen herum ein großes Gedränge. Die Geistlichen sprachen über die Gewaltherrschaft von Yasid, dem Mörder des Imâms Hosseyn, und meinten den Schah. Wegen des Getümmels waren alle Straßen verstopft, die Autos hupten, und wegen der Abgase war die Luft überall zum Ersticken. Kerâmat meinte hustend: «Die finde ich klasse, so wie die reden, versteht man jedes Wort. Die labern nicht so gelehrt und gestelzt.»

Manchmal kam aus den Lautsprechern der Moscheen ein Pfeifen und Scheppern. Es versetzte Kerâmat in Weißglut, und er brüllte: «Stellt doch den Krach von dem verdammten Ding da ab.»

Die Erinnerung an den kühlen Schatten der heiligen Stätten, den sauberen, sicheren Boden der großen, halbdunklen Gotteshäuser, den lieblichen Geruch der Festtagsspeisen nach Safran und Rosenwasser, das Spiel von Farben, Licht und Schatten der roten und grünen Wimpel bei den Trauerfeiern für die Märtyrer ging ihm wie eine dünne, bunte Wolke durch den Kopf. Er schloss die Augen. Er ließ den wuchtigen Kopf auf die muskulösen Schultern sinken, eine Art Wohlsein ließ ihn fast wie auf Wolken schweben, eine vollkommene Zufriedenheit und ein ungesteuertes Glücksempfinden erfüllten sein Herz. Sollte er hier und jetzt all sein Hab und Gut auf dem Wege Gottes an die Waisenkinder und die Hungrigen verteilen?

Oft stand er in der dicht gedrängten Menge zusammen mit seinesgleichen, und eines Abends war er so bewegt, dass er nicht anders konnte, als sein Taschentuch hervorzuholen und an einer Straßenecke, die Schultern an eine Mauer gelehnt, inmitten der dauernden Rufe «Allahu akbar» und «Tod dem Schah» laut loszuheulen. Von überall her strömten Wellen weiterer Menschen hinzu. Einen Augenblick danach war er bereits nicht mehr an der Stelle, wo er gestanden hatte. Er ließ sich mit der Menge treiben, sein Herz schlug im selben Rhythmus wie das ihre, und ein Gefühl von Frieden und Geborgenheit überkam ihn. Er meinte, einer von ihnen zu sein, einer von diesen gewöhnlichen Menschen, einer von diesen einfachen Leuten, aus deren Mitte er hervorgegangen war und um die er sich seit Jahren nicht mehr geschert hatte. Er hatte es immer zu eilig gehabt, hatte sich nie um sie gekümmert, der Geruch der feuchten Achselhöhlen der Frauen hatte ihm immer zu sehr in die Nase gestochen, und er hatte sich stets und ständig nur mit sich selbst beschäftigt und sich selbst befriedigt.

Er war überzeugt, genau wie die vielen Menschen zu sein, die jetzt alle Straßen und Gassen füllten, alle Flure und Treppen, alle Gehwege, Basare und Plätze … einfach alles, und das war ein gutes Gefühl.

«Bruder, mach Platz, lass die Schwestern vorbei!»

«Bruder, hilfst du mir, mein Kind über den Straßengraben rüberzubringen?»

«Die kaiserlichen Garden kommen, wir müssen die Schwestern beschützen.»

Die Garden! Sie waren genauso elende Schufte wie die in den Filmen, die Stolz, Ehre und Anstand dieses Volkes in den Staub treten wollten. Sie waren alle in Israel und Amerika ausgebildet. War Kerâmat denn etwa schon tot, dass sie es sich leisten konnten, alles zu tun, was ihr Herz begehrte? Begeisterung und ein Gefühl brüderlicher Verbundenheit flossen ihm wie ein süßer Strom von Verantwortungsbewusstsein durch den ganzen Körper. Er hob die kräftigen Hände. Er fühlte sich stark genug, um dem Geschick der Stadt Tehrun eine Wendung zu geben.

Nachts schlief er den Schlaf des Gerechten; etwas, was ihm seit Jahren zum ersten Mal wieder passierte. Eines Nachts sah er im Traum sogar Talâ. Sie war nicht nur eine Frau, sie war eine Heilige. Mit einem weißen Gebetsschleier auf den Schultern stand sie auf dem Grundstück neben dem Garten. In diesem blühten überall rote Rosen, und es war früh am Morgen. Eine Frau mit einem schemenhaften Gesicht, mit weißem Haar und einem grünen, altmodischen Kopftuch ließ ihn, wie bei einer Abschiedszeremonie üblich, unter dem Koran hindurchgehen und schickte ihn durch einen mit frommen Sprüchen beschrifteten Stoffreifen hindurch, hinter ihnen wurde Wasser aus einer ausgebesserten Porzellanschüssel geschüttet. Es wurden Tränen vergossen, Gebete gesprochen, und jemand blieb wartend zurück. Sie traten eine Pilgerfahrt zu den Gräbern von Märtyrern an.

In dem Jahr kaufte er zum Fest des Fastenbrechens am Ende des Ramadâns zehn Hammel und opferte sie bei einer großen Demonstration der Menschen von Tehrun an verschiedenen Stellen der Menge. Die Demonstranten waren gegen den Schah.

Âgh Ghodrat, ein neuer Freund, den er gefunden hatte, besuchte ihn am Abend und sagte ihm: «Bei Gott, damit hast du dir einen Schatz im Himmel erworben.»

Kerâmat ließ den Kopf unschuldig wie ein Säugling auf die Schulter sinken, hockte sich auf den Boden und betrachtete die Blumen auf dem Teppich. Als ob er kein Wässerchen trüben könnte.

Am nächsten Freitag schlief er bis Schlag zwölf Uhr. Mittags stieg er in ein Auto. Als er aus seinem vornehmen Viertel hinab in die Unterstadt fuhr, sah er, dass sie in Aufruhr war. Aus einer Ecke stieg Rauch in den Himmel auf, und an einer Straßenkreuzung sah er eine lose Ansammlung von Leuten. Sie hatten blutige Hemden in der Hand; es war der siebzehnte Schahriwar, der Schwarze Freitag.

Er wurde fast verrückt. Ein-, zweimal schlug er sich mit der Faust in die offene Hand, dann lief er los. Es war am Fousiye-Platz. Rettungswagen fuhren mit Tatütata hin und her.

Er ging in ein Krankenhaus in der Nähe. Der Geruch der Frau, die sich über ihn beugte und ihm die Nadel in eine Vene in seinem Arm stach, machte ihn fast wahnsinnig. Plötzlich kam er wieder zu sich. Er sagte ihr: «Nehmen Sie mir zehn Beutel ab.»

Die Frau riss die Augen auf: «Zehn Beutel?»

Kerâmat sah zu Boden und antwortete ruhig: «Das ist doch nicht der Rede wert, Schwester. Du hast schon richtig gehört.»

Ein paar Monate später umringten ihn, egal, wohin er kam, junge Leute. Überall hieß es ständig «Âgh Kerâmat». Vor der Uni sagte er ihnen: «Ich kapiere zwar nicht, wovon ihr redet, aber wenn die Garden auftauchen, braucht ihr mir bloß Bescheid zu geben.»

Jemand stand auf einem Schemel und schrie mit geballter Faust: «Der amerikanische Staatsstreich hat die rechtmäßige Regierung Mossaddegh gestürzt, damit der Schah, dieser Verräter, der Kettenhund der Amerikaner …»

Von was für einem Staatsstreich redeten die denn? Der Name Mossaddegh kam ihm bekannt vor … Ein herrenloser Hund, dem man eine Brille aufgesetzt hatte und der eine Decke auf dem Rücken herumschleppte, war doch damals durch die Straßen gelaufen. Vor seiner Brust hatte ein Schild gebaumelt, das in der Sonne glänzte und auf dem «Mossaddegh» stand.

Er selbst hatte dem Hund dieses Schild umgehängt.

Das Plündern von Geschäften stand auf der Tagesordnung. Die Ostseite des Basars war Kerâmat und seinen Jungs zugeteilt worden. Es war ein plötzlicher Überfall. Zuerst hatten sie mit Eisenstangen die Scheiben zertrümmert. Dann machten sie die Kassen leer. Zum Schluss warfen sie die Einrichtung auf einen Haufen, trampelten darauf herum, machten sie kaputt, wenn sie noch Zeit und Lust dazu hatten, holten sie auf Kerâmats Befehl ihr Glied heraus und pissten auf das, was von der Einrichtung übrig war. Aber eine Aufgabe hatten sie noch: Im letzten Augenblick, bevor sie verschwanden, flog ein Packen Flugblätter in die Luft und fiel auf das Bild der Zerstörung herunter; darauf stand: «Werktätige aller Länder, vereinigt euch!»

Am nächsten Tag gingen die Kommunisten auf die Straße, wie Schulkinder marschierten sie in geschlossenen Reihen und paradierten, sie schrien in die Lautsprecher: «Eine Handvoll ausländischer Söldner, die sich selbst als Anhänger unserer Partei ausgaben, sind gestern zur Plünderung der Geschäfte ehrenwerter Bürger ...»

Die Jungs griffen an, sie hielten die Frauen von hinten mit beiden Armen fest, rieben sich an ihnen und sagten: «Stalin hat uns geschickt, damit wir es euch heute Nacht besorgen.»

Ein paar Männer kamen auf sie zu, um die Frauen zu verteidigen. Man zerbrach ihnen die Brillen und schnitt ihnen die Krawatten ab.

Er sah Scha'bun «ohne Hirn», Maleke E'tesâdi, die bekannteste Puffmutter der Stadt, und Geheimpolizisten des Schahs, die mit Haaren voller Brillantine und säuberlich rasiertem Gesicht bald hier, bald dort auftauchten, sowie eine Menge Leute auf offenen Lastwagen, die mit Fotos des jungen Schahs in der Hand die Kâch-Straße hinauffuhren.

Biyuk Ssâber überbrachte die Nachricht, die Jungs sollten sich für einen Überraschungsangriff bereit machen. Der Schah und die Kaiserin hatten das Land verlassen und waren fort, manche sagten, sie wären geflohen, auf alle Fälle herrschte in Tehrun wieder einmal das totale Chaos.

Nachts gab es eine Ausgangssperre, aber ohne Rücksicht darauf versammelte eines Nachts Tayyeb die Gang und brachte sie zum Haus des Ayatollah Behbahâni, der ein Anhänger des Schahs war. «Eis»-Ramasân schrie aus vollem Halse: «Lang lebe der Schah!»; und die Jungs wiederholten es.

Am nächsten Tag waren alle im Haus von «Eis»-Ramasân und warteten auf einen Anruf des «gestiefelten» Ahmad. Sie verloren langsam die Geduld, und sie waren durcheinander. Sie wussten nicht, was sie tun sollten. Alle Pläne waren gescheitert. Am Nachmittag gingen Kerâmat und Asis, «der Sperber», auf die Straße. Auf dem Bahâresstân-Platz war die Hölle los. Der Mond stand voll und ganz im Zeichen des Skorpions. Dort standen die Mossaddegh-Anhänger auf Schemeln und beschimpften den Schah, was das Zeug hielt. Die Standbilder der Pahlawis wurden mit Abschleppkabeln umgerissen und mit Vorschlaghämmern zertrümmert; überall war die Rede von einer Republik und einem Referendum.

Am nächsten Tag wurde Kerâmat durch das Läuten der Türglocke kurz vor dem Morgengrauen aus dem Schlaf gerissen. Wer immer es war, er nahm die Hand nicht vom Klingelknopf. Es war noch dunkel und, bis Asis, «der Sperber», den Mund aufmachte, erkannte ihn Kerâmat, der in einem fort fluchte, nicht. «Wieder eine Blitzaktion. Alle Mann schleunigst zum Tadschrisch-Platz!»

Dort gab es immer einen Stau. Denn alle Autos, die von Norden in Richtung Stadtmitte fuhren, mussten dort vorbei. Als Kerâmat ankam, war es gerade hell geworden, und ein paar Leute waren dabei, hinten aus einem Armeelastwagen große Packen von Bildern Seiner Majestät auszuladen. Die Jungs trafen nach und nach ein. Alle lachten, machten Witze und zogen sich gegenseitig auf. Eine Stunde später waren alle Knastbrüder und Mitglieder der ehrenwerten Gesellschaft von Tehrun dort versammelt. Die Stimmung war klasse, voller Brüderlichkeit und Kameradschaft! Und allmählich kamen die Autos angefahren.

Ihre Aufgabe war nicht schwer. Sie brauchten sich bloß vor die Wagen zu stellen; wenn diese notgedrungen bremsten, sagten sie ihnen: «Heute gibt's was zu feiern!»

Die Fahrer schauten sich die Leute an und gelangten schnell zu dem Schluss, dass sie alles tun sollten, was man von ihnen verlangte. Bereitwillig und freudig nickten sie mit dem Kopf. Dann wurden sie gefragt: «Warum habt ihr eure Lichter denn nicht angemacht?»

Schnell schalteten sie die Scheinwerfer ein. Dann bekamen sie ein Foto von Seiner Majestät geschenkt. Und noch bevor der Fahrer das Bild entgegennehmen konnte, sagte man ihm: «Sie brauchen sich nicht die Mühe zu machen, es an Ihrer Scheibe anzukleben, das übernehmen wir.»

Und sogleich wurde das Foto am Auto befestigt. Im Allgemeinen lief alles im Guten ab, und wenn nicht, dann wurden die Scheiben mit einer Brechstange zerschlagen, und nicht nur die, sondern auch der Kopf des Fahrers.

Reihenweise kamen Autos mit eingeschalteten Scheinwerfern und einem an die Windschutzscheibe geklebten Farbfoto Seiner Majestät im Zentrum an, und nach und nach änderte sich die Atmosphäre in der Stadt.

Ein paar Stunden später waren sie alle vor dem Parlament. Armeelastwagen karrten vom Dorf gekommene Leute aus verschiedenen Teilen der Stadt zusammen und brachten alle miteinander zum Parlament. Dort riefen sie: «Lang lebe der Schah!», und dann ging es los. Kerâmat besaß mittlerweile auch eine Pistole; er schoss alle Augenblicke damit in die Luft und lachte schallend.

Im ersten Regierungsbüro, das auf ihrem Weg lag, gab es keinerlei Zwischenfälle; Kerâmat und Asghar, «die Krähe», schossen in die Luft, und die Sicherheitsleute türmten im Handumdrehen. Schnell traf jemand ein, der den Auftrag erhalten hatte, eine Leiter herbeizubringen, und stellte sie neben der Tür auf dem Boden an die Wand. Einen Augenblick danach schaukelte ein Foto von Seiner Majestät friedlich im Wind und lächelte die Vorübergehenden, die sich verwirrt umschauten, freundlich an.

In der zweiten amtlichen Stelle gab es kurzen Widerstand. Einer der Wächter, ein alter Dickschädel, floh nicht, sondern blieb auf seinem Posten. Er gab der Leiter, auf der sie gerade hochkletterten, um ein Bild von Seiner Majestät aufzuhängen, einen Fußtritt und schimpfte wie ein Rohrspatz. Sie warfen den alten Mann zu Boden und pissten auf ihn.

In den folgenden öffentlichen Gebäuden hatten die Wachhabenden schon von vornherein das Feld geräumt. Die Stadt gab früher oder später gegenüber der Welle von Angriffen nach. Auf ihrem Weg plünderten sie ein oder zwei Büros von

Mossaddegh-treuen Zeitungen und gelangten zu dem der Kommunistischen Partei nahestehenden «Haus der demokratischen Jugend». Niemand war dort. Die Tür flog gleich beim ersten Stoß von Kerâmats kräftigem Körper aus dem Rahmen. In dem großen Zimmer im Erdgeschoss lag alles Mögliche wie Kraut und Rüben auf dem Tisch herum, was die Eigentümer in der Eile nicht mehr hatten aufräumen können, darunter auch ein Tablett mit ein paar Tassen warmem Tee, der die Luft mit seinem Geruch erfüllte. Sie tranken ihn aus.

Als ob für alles vorgesorgt worden wäre, fanden sie in der Küche auch einen Kanister Petroleum. Das Feuer breitete sich aus, während sie abzogen. Aber der Letzte, ein junger Kerl, blieb plötzlich auf der Schwelle stehen.

Kerâmat brüllte ihm vom Fuß der Treppe aus zu: «Was hast du da noch verloren, verdammt noch mal!»

Ein Käfig mit Kanarienvögeln hing im Gebäude gegenüber an der Wand.

Ein einladendes großes Café. Mit Wandlampen und Kristallleuchtern, Blumenvasen aus Porzellan, Nischen, Gemälden an den Wänden und einem großen gerahmten Foto von Mossaddegh. Blitzschnell zerschlugen sie alles, und plötzlich stand Kerâmat, die Hände in die Seiten gestemmt, inmitten der Verwüstung dem Bild gegenüber. Ein Moment völliger Stille. Und darauf ein sanftes Kichern, das im Handumdrehen in ein irres Gelächter umschlug, dann richtete er seine Pistole auf das Porträt und schoss. Nach einem Regen von Glassplittern aus dem großen Bilderrahmen auf den Steinfußboden des Cafés, der von einem fürchterlichen Lärm begleitet war, wandte er sich an den Inhaber des Lokals: «Ich verlange von dir, dass du dieses elende Foto mit eigenen Händen abhängst!»

Der Besitzer schaute zuerst auf das Bild und dann sogleich auf Kerâmat, aber er rührte sich nicht vom Fleck.

Kerâmat schaute sich um, tat einen Schritt nach vorn und spuckte auf den Boden. «Bist du taub, Onkelchen, oder verstehst du kein Persisch?»

Diesmal sah der Kaffeehausbesitzer Kerâmat in die Augen und zitterte, offensichtlich vor Zorn. Plötzlich brüllte Kerâmat los: «Zum Teufel, beweg dich endlich!»

Der Mann legte sich die Hand an den Hals: «Und wenn du mir die Gurgel durchschneidest ...»

Auf eine Handbewegung von Kerâmat hin warfen sie den Mann zu Boden. Kerâmats Befehl war wie immer kurz und bündig: «Pisst auf ihn!»

Kerâmat und seine Jungs trafen ein Stück weiter auf eine Gruppe, die von Scha'bun «ohne Hirn» angeführt wurde. Dieser stand breitbeinig in einem offenen Wagen, hielt ein großes Foto des Schahs in der einen Hand und in der anderen einen Revolver, mit dem er in die Luft schoss. Ein kurzer Halt! Sie umarmten und küssten sich.

Das Gedränge wurde dichter. Nun kamen auch noch Armeelastwagen hinzu. Jemand benannte mit lauter Stimme das nächste Ziel: die Rundfunkstation.

Gegenüber dem Regieraum saß ein Sprecher hinter einem Mikrofon, er sagte gerade: «... gegen die Schädlinge, die diese Pflanzen befallen, gibt es ein spezielles Gift, das ...»

In diesem Augenblick schlug ihm Kerâmat mit nasser Hand, er hatte sie einen Moment vorher angeleckt, auf den kahlen Hinterkopf.

Asis, «der Sperber», nahm das Mikrofon vom Tisch und hielt es sich vor den Mund: «Hallo ... hallo; ich hole hier für jeden, der ein richtiger Mann ist, die Kastanien aus dem Feuer!»

Ein Mann mit besserem Auftreten nahm ihm das Mikrofon aus der Hand: «Mossaddegh ist ein Verräter! ... Von nun an ist General Sâhedi unser Premierminister.»

Maleke E'tesâdi tauchte auf und kreischte: «Lang lebe der Schah!»

Ein Offizier der Streitkräfte erschien, er schickte Kerâmat und seine Jungs hinaus.

«Vorwärts zum Haus von Sâhedi!»

Sie trugen Sâhedi auf den Schultern durch die Straßen. Er kletterte auf einen Panzer, der dort stand, und sobald er Habtachtstellung eingenommen hatte, setzte sich der Tank in Bewegung.

Als gemeldet wurde, dass die Wachen in Mossaddeghs Haus noch Widerstand leisteten, ergoss sich der Strom der Menge in diese Richtung.

Als Kerâmat und seine Jungs dort eintrafen, war die Arbeit schon mehr oder weniger erledigt. Die Besatzungen der Panzerspähwagen, die das Haus schützten, hatten sich ergeben.

Plötzlich sprang Scha'bun «ohne Hirn», unerwartet wie der Todesengel, von der anderen Straßenseite mitten auf die Fahrbahn. Ein Jeep bremste direkt vor ihm. Scha'bun packte den Fahrer am Kragen und zog ihn heraus. Im Handumdrehen saß er hinter dem Lenkrad. Er trat aufs Gaspedal und raste auf das Haus von Mossaddegh zu.

Die Menge rief wieder: «Lang lebe der Schah!» und stürmte das Haus Nr. 109. Kaum waren sie die Treppen hinaufgelaufen, da kamen die Ersten auch schon wieder wie die Ameisen herunter. Auf den Schultern und unterm Arm schleppten sie ihre Beute: Teppiche, Truhen und Stühle, Blumenvasen, Vorhänge und Decken, Hüte, Schüsseln und Säcke voll Reis, Kisten, Kästen und Kohlebecken, Töpfe, Eimer und Bettwäsche, Krüge, Matratzen, Sack und Pack, Bücher, Hefte und anderes Schreibzeug, Schirme, Vogelbauer, Garderobe ...

Mossaddeghs Haus wurde blitzblank leer gefegt. Ein, zwei Tage später bekam der Schah Thron und Krone mit Glanz und Gloria zurück, Mossaddegh und seine Anhänger dagegen kamen ins Gefängnis, die Mitglieder der Tude-Partei wurden hingerichtet. Noch zwei, drei Jahre lang machten die schweren Jungs Jagd auf Kommunisten und Anhänger von Mossaddegh, sie brachten sie in Fesseln zu Kerâmat, und dieser verkaufte sie an die Militärregierung.

Jemand, der auf einem Schemel stand und ein Mikrofon in der Hand hielt, zählte die Verrätereien des Schahs in allen Einzelheiten auf, und plötzlich bemerkte Kerâmat, dass sein Körper ganz nass geschwitzt war. Er war bedrückt, als ob ihm jemand unerwartet eine schlechte Nachricht überbracht hätte. Er überlegte, was das sein konnte. Ihm fiel nichts ein.

Er sah bloß einen leuchtenden Bogen, der von einem Geldschein ausgegangen war, und dieser hatte zwischen zwei Fingern im Wind geflattert. Und er hörte Scha'bun schreien: «Bist du denn kein Mann? ... Nun mach schon, zeig, was du kannst!»

Pari hatte gezittert. Die Hände vor dem Bauch gekreuzt, hatte sie gezittert. Scha'bun «ohne Hirn» hatte ein Glas nach dem andern gekippt. Er hatte sich die Lippen mit dem Handrücken abgewischt und scheppernd gelacht. Als ob Eisen abgeladen würde. Pari und Kerâmat hatten vor Scha'buns Augen gevögelt. Es war das erste Mal, dass Kerâmat mit einer Frau schlief.

Kaum war die Frau gegangen, hatte Scha'bun gesagt: «Aber für mich bist du trotzdem bloß ein Strichjunge.»

Er hatte ihn auf den Boden geworfen, auf den Bauch gedreht, ihm in den After gespuckt und dann ... der Druck des rot glühenden Eisens und der Geruch nach verbranntem Fleisch!

Kerâmat packte die Gitterstäbe des Zauns an der Universität und brüllte: «Ich werd euch allesamt fertigmachen.»

Er legte den Kopf auf die Arme und schrie aus Leibeskräften. Das war, kurz bevor der Schah wegging. Er ging, und diesmal kam er nicht zurück. Was kam, war die «Islamische Revolution» mit ihrem Ruf «Tod dem Schah!»

Über kurz oder lang spielten sich die Szenen aus den persischen Kitschfilmen nicht mehr nur in den engen, düsteren Kinosälen ab, sondern auf den Straßen: Edle schwere Jungs retteten das schutzlose Volk, sie wahrten die Ehre der Nation, und die Welt von Kerâmat wurde eine heile Welt voll von frommen Versammlungen, Trauergottesdiensten, züchtig zu Boden blickenden Frauen mit verschleiertem Haupt und schweren Jungs, die fehlgeleitete junge Mädchen retteten.

Bei den ersten Unruhen der Revolution hatte Kerâmat vor der Universität immer das Gefühl, nicht dazuzugehören. Das waren samt und sonders Studenten, ihre Lehrer oder Leute, mit deren ganzer Art, wie sie redeten, und mit dem, was sie sagten, Kerâmat nichts anfangen konnte, aber sobald der Schah weg war, wurde es nach und nach anders. Wenn er bei Straßendemonstrationen auftauchte, merkte er, dass die Menschen um ihn herum Straßenhändler und kleine Leute waren oder sogar Frauen! Mit Einkaufstüchern, Körben und Hauskleidung aus billigstem Stoff, Frauen die ihre Tschâdors mit den Zähnen festhielten, Babys im Arm trugen, den Kopf in den Nacken legten und «Tod dem Schah!» riefen; die mit ihren Plastiksandalen den Staub hinter sich aufwirbelten.

Kerâmat verschränkte die Arme vor der Brust und betrachtete die Schwestern. Wo waren jetzt bloß die todschicken Studentinnen hin? Kerâmat verdrehte die Augen zum Himmel, verzog die Lippen zu einem Murmeln – er bat Gott um Vergebung –, und dann schaute er wieder die Schwestern an. Plötzlich bemerkte er, dass ein Plakat an eine Häuserwand geklebt wurde und dass die Leute sich davor drängelten. Minister, Generäle und Prinzen brächten ihr Geld außer Landes. Kerâmat schwindelte der Kopf vor so vielen Nullen hinter den Ziffern, und dann die Nachrichten über die Geliebten und Mätressen des Schahs. Ausländische Schauspielerinnen mit goldblonden, lockigen Haaren und sehr, sehr

kurzen Miniröcken erzählten von den Geschenken, die sie
für eine Nacht mit dem Schah bekommen hatten. Sängerinnen, Tänzerinnen und Künstlerinnen in den Armen von Mi-
nistern und Generälen und schließlich auch noch die Kaiserin Farah in einem Bikini am Swimmingpool. Hier schloss
Kerâmat die Augen wieder. Er fluchte leise und sagte: «Diese
Schweine! Die haben überhaupt kein Schamgefühl und kein
bisschen Anstand.»

Und dann klang ihm wieder die Stimme im Ohr: «Bede-
y
cke deine Blöße, Schwester.»

Er schloss die fünf, sechs Läden, die er hatte, ging vor dem
Gefängnis auf und ab und wartete von morgens bis abends
mit Gladiolen und Schachteln von Süßigkeiten darauf, dass
die politischen Häftlinge freigelassen würden.

Was gestern angesagt war, konnte man heute vergessen. Die
Leute wollten etwas Neues. Dann wurden die Freudenhäuser
von Tehrun in Brand gesteckt. Die Frauen irrten mit ihren
Habseligkeiten unterm Arm durch die Straßen. Und wie die
Hauslehrer und die Schneiderinnen verlegten sie ihren Ar-
beitsplatz in die Wohnungen ihrer Kunden.

Die Menschen warfen plötzlich alles auf den Müllhaufen
der Geschichte: Mahwasch mit ihren schwungvollen Hüften,
Fardin mit seinem Eintopf, Iradsch, den berühmten Schla-
gersänger der Stadt mit seinen schmachtenden Liedern,
Behrus, der als Gheyssar mit seinen Latschen herumschlurf-
te, Âghâssi mit seinem Hinkebein, der beim Tremolo die
Brust zittern ließ, Gugusch mit ihrem Lied von dem Typen
mit dem kessen Hut, Prinzessin Aschraf mit ihren zahllosen
Liebhabern, Kaiserin Farah mit ihrem Schiraser Kunstfestival, den Premier Bachtiâr mit seinem Opiumbesteck, den
Savak mit allen seinen Obristen, das Stadion in Amdschadi-
ye mit seinen Fußballern, das Hotel Marmar mit seinen In-
tellektuellen, den Kapitalisten Hojabr mit seinen Fabriken,

das Kasino von Râmssar mit seinen Spieltischen, die Universität Teheran und die vielen Buchläden davor, das Stadttheater mit seinem Brecht und seinem Tschechow, die Rudaki-Halle mit ihren Opern, das Cabaret Lido mit seinem Publikum ... einfach alles. Sie räumten restlos auf!

Die Gefängnisse wurden geöffnet!

«Siehst du den Tunnel hier? Der führt direkt zum Zentrum der CIA.»

Kerâmat schwirrte der Kopf. Der Gang war lang und schmal. Er begann auf dem Gefängnisgelände. Erstaunlich! Er ahnte nicht, dass er selber zwei, drei Jahre später derjenige sein würde, von dem Wohl und Wehe in diesem Gefängnis abhingen und nach dessen Pfeife alle tanzen mussten.

Er hatte die Hinterkappen an seinen Schuhen hochgeklappt. Er hatte sogar eine Pilgerfahrt unternommen, um sein Gewissen zu erleichtern. Nie krempelte er sich die Hemdsärmel in Anwesenheit anderer hoch, niemand sollte seine Tätowierung sehen.

7

Elf Uhr abends

Die Tür ging auf, und plötzlich war das Haus voller Lärm. Die Geräusche setzten sich im Treppenhaus fort, sie wurden von Getrampel begleitet, aber ein paar Sekunden später gingen die Türen zu, und es wurde still. Im selben Augenblick öffnete Ghontsche das Zimmer. Kerâmat lag ausgestreckt da. Er hielt sich den Handrücken an die Stirn und hatte die Augen geschlossen. Sein Atem verriet Ghontsche, dass er wach war. Sie fragte: «Du schläfst noch nicht?»

Kerâmat wandte sich, ihrer Stimme folgend, auf dem Kissen zu ihr um und schüttelte teilnahmslos den Kopf.

Ghontsche legte den Tschâdor und die Kopfbedeckung, die sie darunter getragen hatte, auf den Sessel und setzte sich neben ihn aufs Bett. Sie erzählte ihm: «In einer Boutique hab ich eine Bluse gesehen. Sie ist bloß ein bisschen teuer.»

Jedes Mal, wenn sie ein schönes Kleidungsstück sah, wurde sie aufgeregt und musste, sie wusste selbst nicht, warum, seufzen. Kerâmat lag mit geschlossenen Augen da und achtete kaum darauf, was seine Frau sagte.

Sie forderte ihn auf: «Rate doch mal, wie viel!»

Und im selben Moment nickte er mit dem Kopf. Kerâmat ließ seine Hand ihren Rücken hinuntergleiten.

Sie meinte: «Achtundneunzigtausend Tumân. Teuer, was?»

Kerâmats Hand war inzwischen bei der Hüfte angelangt und streichelte ihre Rundung.

Ghontsche ergänzte: «Auf der Brust sind Pailletten. Übrigens hab ich da auch noch …»

Kerâmat unterbrach sie: «Kauf ich dir.»

Er nahm die Frau bei der Hand und zog sie zu sich herunter. Ohne die Augen zu öffnen, zog er sie Stück für Stück aus, dann streichelte er sie und fing an, heftig zu atmen, bis Ghontsche mit einem Mal in Lachen ausbrach. Kerâmat hielt einen Moment bewegungslos inne, und als er schließlich die Augen aufmachte, lachte sie noch immer. Er lehnte den Kopf nach hinten und sah sie an. Ghontsche fragte spitzbübisch:
«Wer ist eigentlich diese ‹liebe Batul›?»

Kerâmat zuckte zusammen. Er fürchtete, Ghontsche könnte seine Gedanken lesen. Aber dann hatte er sich wieder im Griff und erwiderte: «Eine liebe Batul?»

Ghontsche erklärte: «Du warst zwar bei mir, aber in Gedanken ganz woanders …»

Er schob seine Hand Zoll für Zoll nach oben. Kerâmat drehte sich auf die Seite, die Frau richtete sich auf und setzte sich. Sie bemerkte: «Heute zuerst Talâ und jetzt auch noch die ‹liebe Batul›! … Sag mal, was fehlt dir denn an mir?»

Wie schamlos die Frauen doch waren! Kerâmat kitzelte die Hüfte der Frau.

Ghontsche insistierte: «Zum Teufel! Nun sag doch!»

Und mit diesen Worten drehte sie sich wieder zu Kerâmat um, sie schüttelte die Haare, dass sie hin und her flogen, legte sich die Hand hinter den Kopf und machte den Hals lang. Und während sie sich auf die Lippen biss, kniff sie die Augen zusammen und richtete den Blick auf Kerâmat.

Auf einmal sah sie aus wie Talâ, die ihn mit umflortem Blick verführerisch durch den schmalen Spalt ihrer halb geschlossenen Augen anschaute. Sie verstand ihr Geschäft, sie wusste, wie man die Männer kirre macht, wie man sie zu Sklaven macht; Gott hatte das weibliche Geschlecht zu nichts anderem geschaffen als dazu, die Männer vom rechten Weg abzubringen. Aber Ghontsche verstand Gott sei Dank nicht allzu viel von diesen Dingen. Nicht, dass sie dazu kein Talent gehabt hätte, aber Kerâmat selbst achtete darauf, dass es sich nicht entwickelte. Eine anständige, rechtschaffene Frau musste keusch und züchtig sein ...

«Wenn du ein Mann bist, schaff ihn mir aus dem Weg! Dieser Herr Oberst erpresst mich. Verstehst du? Erpresst mich!»

Talâ war ihm auf der Treppe nachgerannt. Die Tränen waren ihr über das Gesicht gekullert. Sie hatte Kerâmat mit geballten Fäusten auf den breiten Rücken gehämmert. Er hatte sich umgedreht. Talâ hatte ihm ins Gesicht geschrien: «Wenn du auch nur einen Funken Ehrgefühl im Leib hättest ...»

Kerâmat hatte die Hand gehoben, und sie hatte ihr Gesicht abgewandt.

«Wenn irgendjemand anders das zu mir sagen würde, ich wüsste, was ich mit ihm machen müsste!»

Gelangweilt hob Ghontsche die Schultern. Sie stand vom Bett auf.

«Der Herr ist heute mit seinen Gedanken ganz und gar nicht bei der Sache ... Ich hab dir ein Sandwich mitgebracht. Willst du?»

Und sie ging aus dem Zimmer. Kerâmat starrte die Decke an. Er flüsterte: «Liebe Batul!»

Es war Scha'bun «ohne Hirn» gewesen, der ihn mit der Frau bekannt gemacht hatte. Und sobald er mit ihr geschlafen hatte, verliebte er sich in sie. Damals war er erst siebzehn Jahre alt. Aber er war kräftig. Er war erst zwei, drei Wochen vorher aus der Erziehungsanstalt entlassen worden, er gammelte ohne Ziel und Zweck vor sich hin und hing da und dort herum. Er schmierte sich Brillantine in die Haare und kämmte sie sich hoch, er ließ sich lange, lockige Koteletten stehen, die ihm bis über die Ohren wuchsen. Sein Körper hatte inzwischen den Geruch von Männlichkeit angenommen. Und wenn er eine Frau sah, wurde ihm ganz anders.

«Das hier liegt besser in der Hand, ich schenk's dir.»

Es war die Zeit der Maulbeerreife. Sie waren zu den Matten am Saum der Stadt gegangen, um Beeren zu pflücken. Er stand auf einer kleinen Lichtung zwischen Asis, dem «Sperber», und Hassan, dem «Kreisel», und alle drei warfen aus sieben, acht Metern Entfernung ein Messer auf einen Baum, in den ein Herz geschnitzt war.

Das Messer wechselte von einer Hand in die andere. Kerâmat traf immer ins Ziel. Scha'bun «ohne Hirn» kam mit seiner Bande vorbei. Er sah einen Jungen mit dem ersten Flaum auf der Lippe, wie er das Messer aus der einen Hand nahm; noch bevor es richtig in der anderen lag, hatte er die Klinge mit einem Knopfdruck herausspringen lassen, und ruck, zuck schleuderte er es ins Ziel. So sollte er es Kerâmat später erzählen.

Er hatte gesehen, wie dieser sich bewegte, wie er breitbeinig dastand, wie prall seine Hose vorn gefüllt war, wie seine Pupillen blitzten, und er gefiel ihm. Vielleicht erinnerte ihn dieser junge Mann an seine eigene Jugend.

Da holte Scha'bun ein Messer aus der Tasche. Er drängte sich mit seinem massigen Körper durch den Haufen und blieb vor Kerâmat stehen. Er schob ihm das Messer in die Hand und schloss sie, dann sagte er: «Das hier liegt besser in der Hand!»

Kerâmat betrachtete die breite Brust des Mannes, und so aufrecht und fest, wie dieser dastand, kam er ihm unerschütterlich vor, selbst wenn Himmel und Erde vergingen. Er wünschte sich, selbst einmal so zu sein wie er.

Die Begleiter von Scha'bun, drei, vier schwere Jungs, altmodische, karierte Taschentücher ums Handgelenk gebunden und mit violetten Bildern von Frauen und Drachen auf der Brust, legten ihre schwarzen Jacken abwechselnd auf den linken und den rechten Unterarm und traten von einem Fuß auf den anderen. Und schließlich ließ Scha'bun Kerâmats Faust los.

Kerâmat öffnete sie. In den Perlmuttgriff des Messers war der nackte Oberkörper einer Frau geritzt. Über ihrem Kopf war ein Palmwedel, der wie eine Krone aussah und die ganze Breite des Griffs ausfüllte, noch weiter oben eine Mondsichel und das Funkeln von ein, zwei Sternen. Ein wertvolles Geschenk!

Kerâmat schloss die Faust wieder und hob den Kopf. Scha'bun lächelte schief und nickte. Kerâmat ahnte in dem Moment nicht, dass dies das Zeremoniell der Aufnahme in eine Gruppe ganz eigener Art war, in eine Gangsterbande.

Scha'bun «ohne Hirn» war Kerâmat bis dahin nur dem Namen nach bekannt gewesen, er war der Boss der Tehruner Unterwelt. Kerâmat küsste ihm die Hand, und am nächsten Tag zeigte einer von Scha'buns Leuten am Eingang zum Basar auf den Rücksitz seines Motorrads und brachte ihn in das alte Viertel Ssangladsch zu Scha'buns Haus.

Dort stand die Tür wie bei einer bedeutenden Persönlichkeit des öffentlichen Lebens offen, und die Leute gingen ein und aus. Auf dem Vorhof zog sich Kerâmat die Latschen aus und ließ sich auf dem Sitzgestell nieder. Dort drückten sich auch eine Handvoll Halunken herum. Kerâmat schälte sich einen Apfel, aß ein paar Kekse, trank Scherbett, als ob er zu einer Hochzeit eingeladen wäre.

Dann brachte man ihn zu Scha'bun, und dieser erlaubte es ihm, vor aller Augen, vor der ganzen im Zimmer versammelten Mannschaft, ihn auf den Oberarm zu küssen.

Es dauerte keine zweimal, bis er zu Scha'buns engstem Kreis gehörte: Fast alle waren schon gegangen. Kerâmat stand gleichfalls auf.

«Wo willst du hin?»

«Ich will bloß nicht stören.»

Scha'bun nahm ihn bei der Hand und forderte ihn auf, Platz zu nehmen. Dann schickte er alle anderen hinaus und ließ ein Tablett mit Arak nebst Zubehör und ein Opiumbesteck kommen. Scha'bun selbst servierte. Er drückte ihm ein Glas Schnaps in die Hand, steckte ihm die Opiumpfeife in den Mund und ließ eine Nutte hinter dem Vorhang vorkommen. Pari!

Kerâmat stockte der Atem. Er riss die Augen weiter auf als jemals zuvor in seinem Leben.

Er kriegte kaum noch Luft. Er hyperventilierte. Seine Nasenflügel zitterten wie ein Dampfgebläse, aus dem heiße, feuchte Luft strömt. Der ganze Körper brannte.

Scha'bun fragte in einem listigen Tonfall: «Warum schwitzt du denn jetzt so? ... Ich hab Bescheid gegeben, dass sie dich immer, wenn du willst, zu ihr reinlassen. Wo das große Bordell ist, weißt du ja.»

Die Erinnerung an die erste Frau war mit einer anderen Erinnerung verbunden, die ihn immer völlig fertigmachte. Scha'bun wusste, dass Kerâmat noch keine Erfahrung mit Frauen hatte; aber er drängelte: «Na, nu legt doch um Gottes willen endlich los!»

Scha'bun schickte die Frau, gleich nachdem Kerâmat gekommen war, aus dem Zimmer und sagte: «Jetzt nehme ich mir dich vor.»

Auch mit dem Abstand von fünfzig Jahren stieg Kerâmat wieder der Geruch von verbranntem Fleisch in die Nase, und seine Schreie hallten in seinem Ohr nach, als ob sie in einer Ecke des Raumes festgehalten und nun losgelassen worden wären.

Scha'bun erklärte: «Jetzt kriegst du mein Brandzeichen, damit du später nicht vergisst, dass ich es war, der dich aus dem Dreck geholt hat.»

Er drückte ihm das heiße Eisen auf die Hinterbacke.

Kerâmat heulte auf. Der Geruch von verbranntem Fleisch hing im Zimmer. Kerâmat lag auf dem Bauch, er drehte sich einen Moment um und schaute hinter sich. Scha'bun blickte ihn mit einem höhnischen Grinsen auf den Lippen an wie ein Geier und kratzte sich mit einem schabenden Geräusch die Brust. Kerâmat wagte nicht zu protestieren, auch wenn er noch nicht wusste, dass er damit in aller Form in die Bande von Scha'buns Spießgesellen aufgenommen worden war.

Kerâmat spürte auch nach all diesen langen Jahren immer noch das Gewicht von Scha'buns massigem Körper auf seinen Lenden. Allerdings hatte er natürlich auch vorher schon davon gehört, dass Scha'bun Gefallen an jungen Männern fand.

Ghontsche kam zurück ins Zimmer; in der einen Hand eine Kanne mit einem Getränk, in der anderen ein Sandwich, blieb sie vor ihm stehen. Kerâmat hob einen Augenblick den Kopf vom Kissen empor: «Ich will nicht.»

Ghontsche antwortete: «Du siehst nicht gut aus; soll ich Dr. Bahâdori holen?»

Kerâmat erwiderte: «Nein. Es ist nichts. Ich bin bloß müde.»

Ghontsche fuchtelte mit der Kanne herum: «Du arbeitest zu viel. Und obendrein so was, was dich total fertigmacht. Hör doch mit dem verdammten Mist auf! Hast du eine Ahnung, was die Leute alles hinter unserm Rücken über uns sagen? Die Lausejungen, mit denen du's im Gefängnis zu tun hast, haben doch schließlich Väter, Mütter, Verwandte und Bekannte!»

Kerâmat machte eine abwehrende Handbewegung: «Ja und? Da kann man nichts machen.»

Ghontsche stellte das Sandwich und die Kanne mit dem Getränk auf den Nachttisch neben die Lampe, missmutig presste sie die Lippen zusammen: «Da kann man nichts machen ... Du sagst immer dasselbe. Hat diese Person – diese Talâ – noch mal angerufen?»

Kerâmat tat so, als hätte er nichts gehört. Ghontsche schüttelte den Kopf und ging aus dem Zimmer.

Talâ hatte gekichert: «Komm!»

Sie hatte sich das Handtuch bis über die Brust hochgezogen und Kerâmat bei der Hand genommen.

«Ganz schön heiß, nicht? Wie hältst du das bloß aus?»
Dann wollte Kerâmat wissen: «Benutzt man da auch Waschlappen und Seife?»

Talâ kicherte wieder und machte die Tür zur Sauna auf. Der heiße Dampf quoll in dichten Schwaden heraus. Flugs schlüpften sie hinein. Man konnte die Hand nicht vor Augen sehen. Es war eine Privatsauna.

Später setzte er den Fuß dann auch in eine öffentliche Sauna; dort schloss er Bekanntschaft mit dem Chef des Zolls, und aus der Bekanntschaft erwuchs eine Freundschaft. Aber eigentlich lagen ihm die meisten Leute nicht besonders, die in jenen Jahren in die Sauna kamen. Die redeten alle so geschwollen, mit vielen Fremdwörtern. Nach zehn bis fünfzehn Mal stellte er seine Besuche dort ein. Mit den jetzigen Benutzern ging es besser.

Der Chef der Zollbehörde war ein anständiger Mann. Er sorgte dafür, dass bei den Versteigerungen immer etwas für Kerâmat heraussprang. Dafür war die Provision von Kerâmat immer großzügiger als die der andern. Aber er selber erwies sich natürlich auch als geschäftstüchtig. Damit sein neu eröffneter Autovertrieb in Schwung kam, bezog er Mercedesse, Chevrolets und Toyotas aus dem Zoll. Nach ein, zwei Jahren florierte er, und dann warf er mit einem Mal mächtig viel ab. Rein gar nichts stand ihm mehr im Weg, sein Handel und Wandel wuchsen und gediehen.

Seine vollen Taschen machten es ihm leicht. Mit Komplimenten und Schmeicheleien eroberte er Talâs Herz. Nun lag ihr Geschick in seiner Hand. Aus Furcht vor ihr wagte niemand, ihm Widerworte zu geben. Von einem prosperierenden Gut profitiert der Gutsherr, aber auch sein Verwalter.

Kerâmat ärgerte sich schon seit einer ganzen Weile über Talâs Umgang. Aber er traute sich nicht, es zu zeigen. Doch eines Tages fasste er sich in der Sauna, als die Atmosphäre im Raum ganz und gar von seiner Männlichkeit beherrscht war, ein Herz. Bedauerlicherweise war seine Ausdrucksweise recht unsanft.

«Entweder du schickst deine Verehrer weg, oder … muss ich diese mickrigen Wichte selber vor die Tür setzen?»

Talâ schmiegte sich an ihn, und wie ein Kind lehnte sie ihren Kopf an seine Schulter.

Das war das Zeichen dafür, dass sie einverstanden war. Kerâmat wurde einen nach dem andern mit ein paar Tricks los. Übrig blieben nur zwei, drei Großkotze, an die er nicht herankam.

Er konnte die Frau um den Finger wickeln. Es war klar, dass er sie ausnehmen konnte. Sie zog ihr Scheckheft aus der Tasche und gab ihm einen Blankoscheck.

Sie war ins Ausland gereist. Allein oder in Begleitung? Kerâmat wusste es nicht. Sie hatte ihm lediglich gesagt: «Jetzt können wir nicht zusammen verreisen. Aber ich komme bald zurück.»

Kerâmat hatte ihr geantwortet: «Dann bring ich dich selber zum Flughafen.»

Talâ hatte abgelehnt: «Nein, nein. Das ist nicht nötig. Ich fahr alleine.»

An dem Abend bemühte sich Kerâmat zum Flughafen und schob dort Wache. Er wusste, dass das Zoff geben würde. Na und? Für jedes Problem fand sich eine Lösung. Er gab die Hoffnung schon auf, als Talâ eine halbe Stunde vor dem Abflug in Begleitung eines Mannes in vorgerücktem Alter die Eingangshalle des Flughafens betrat. Sie ging, einen Nerz auf den Schultern und Diamanten im Ohr, untergehakt am Arm des Mannes. Die beiden waren in Eile. Eine ganze Schar dienernder Lakaien folgte ihnen.

Kerâmat kehrte tief verletzt nach Hause zurück, aber er wusste, dass ihr Herz trotz allem ihm gehörte. Ein paar Abende danach rief Talâ an: «Ich hab dir doch gesagt, ich komm bald zurück.»

Sie hatte die Wahrheit gesagt; sie war bald wieder da.

Als sie wieder zu Hause war, öffnete sie als Erstes den Koffer und holte einen Anzug heraus, einen schicken Anzug für Kerâmat. Sie hatte die weiteste Größe genommen; trotzdem war ihm das Jackett zu eng.

Talâ saß betrübt neben Kerâmat, sie legte ihm die Hand auf die Brust, schob ihn sanft nach hinten, und beide fielen aufs Bett. Dann erzählte sie ihm: «Dort sind die Männer alle nur halbe Portionen … Die armen Frauen wissen nicht mal, was ein richtiger Mann ist. Sie müssten herkommen und dich ansehen.»

Kerâmat richtete sich mit seinen Ellenbogen im Bett auf, aber Talâ drückte ihm die Schultern gleich wieder hinunter. Kerâmat streckte sich ergeben und erfreut wieder auf dem Lager aus. Sie fuhr ihm mit den Händen in die Haare, zog seinen Kopf nach hinten und bedeckte sein Gesicht mit ihren Locken. Kerâmat wurde fast verrückt und sog ihren Geruch ein.

Talâ sagte: «Siehst du, ich bin schließlich zurückgekommen.»

Kerâmat blieb stumm. Etwas Warmes, Süßes breitete sich in Wellen in seinem Körper aus.

Jetzt trennte sie sich nicht mehr von ihm. Sie nahm ihn sogar zu den Partys der Reichen und Schönen mit. Die anderen Männer, die alle der Oberschicht angehörten und in Limousinen mit Chauffeuren in Begleitung von Filmstars zu den Festen kamen, waren meist zart und schlank, und sie hatten einen blassen Teint. Sie aßen alles mit Messer und Gabel, strichen sich dauernd die Haare glatt und schnippten sich überflüssigerweise mit den Fingern irgendetwas Unsichtbares vom Revers ihrer Jacketts. Und unter ihnen waren einige, die vor geheimer, verbotener Lust am ganzen Körper zitterten, wenn sie Kerâmat die Hand gaben. Er merkte es

ihnen an. Daran, wie sich ihre Stimme veränderte und dass ihr Gesicht kurz, aber deutlich spürbar, rot wurde. Er kannte die Ausstrahlung seiner Männlichkeit und war sich der Macht bewusst, die diese ihm verlieh.

Kerâmat traf dort auch auf eine Schwester aus einem der Filme. Es verwirrte ihn immer, dass das wirkliche Leben anders aussah als das in den Filmen.

Die Filmschwester hielt ihr Hündchen, dem sie eine Schleife um den Kopf gebunden hatte, im Arm, saß zurückgelehnt auf einem Sofa, hielt ein Glas in der Hand und saugte an einer langen Zigarettenspitze. Das alles trieb Kerâmat um. Schließlich fragte er sie: «Sag mal, bist du nicht die Schwester von ‹Dynamit›-Resâ in dem Film ‹Goldene Hacken›?»

Sie kicherte und zwinkerte Kerâmat zu. Sie atmete den Zigarettenrauch tief ein und fuhr dem Hund mit der Hand in die lockige Wolle.

«Na, wenn du nicht, so wehrlos, wie du bist, zu jeder passenden und unpassenden Gelegenheit ausgegangen wärest, um irgendwelche Besorgungen zu machen, hättest du nicht solche Scherereien gekriegt, und es wäre auch nicht zu Mord und Totschlag gekommen.»

Wieder ein tiefer Zug und ein lauteres Lachen als vorher. Ihr Rock war so kurz, dass er dabei hochrutschte und ihre Spitzenunterwäsche zum Vorschein kam. Kerâmat sagte zu sich selbst: «Als sie sie im Film entehrt haben, haben mir ihre Brüder so leidgetan, dass sie ihnen solche Schande gemacht hat, aber jetzt sehe ich, diese Frau hat nicht das geringste Schamgefühl.»

Dann wandte er sich der Schwester von «Dynamit»-Resâ zu und meinte: «Na du hast dich ja anscheinend ganz gut amüsiert, als du mit dem Gigolo aus der Oberstadt abgehauen bist. Warum hast du bloß so geheult und mich reingelegt, dass mir ganz elend zumute war? ... Hä? Du wolltest doch deinen armen Brüdern Schande bereiten, sodass sie im Viertel nie wieder den Kopf hoch tragen können.»

Die Schwester von «Dynamit»-Resâ kicherte wieder und erwiderte: «Du bist ja vielleicht witzig!»

Genau in dem Augenblick rief ihn Talâ. Kerâmat kam brav wie ein Schuljunge angelaufen. Talâ räumte neben sich auf dem Sofa einen Platz frei, und Kerâmat setzte sich hin. Es war die Ecke der Frauen, die dort überall zusammensaßen. Sie waren dekolletiert, und der Spalt zwischen ihren Brüsten war zu sehen.

Ein paar Frauen wiesen sich gegenseitig auf Kerâmat hin, sie machten ihm Zeichen mit der Hand, warfen ihm Blicke zu und zogen die Augenbrauen hoch; sie sagten etwas zu Talâ, brachen in Lachen aus, und dann richteten sie ihre Blicke wieder auf Kerâmat, auf seine gefurchte Stirn, auf seine Lippen, die er, wenn er würdevoll lächelte, vorwölbte, sodass sie an einen Petticoat erinnerten, auf seine Augen, die unter den sichelförmigen, buschigen Brauen glühten wie zwei Stück Holzkohle, auf die männliche Kraft, die er unaufhörlich verströmte wie eine Quelle, und auf jene geheimnisvolle Aura, die seinen Körper umgab und die Frauen unwiderstehlich anzog wie ein starker Staubsauger.

Talâ trug Gleichgültigkeit zur Schau. Sie sah Kerâmat an und lachte sorglos. Die Fantasie der Frauen wurde angeheizt. Ihr Körper kribbelte bei der Vorstellung, was ein solcher

Mann allein mit einer Frau im Bett sagen oder mit ihr anstellen würde. Mal steckten sie die Köpfe zusammen und tuschelten miteinander, dann fingen sie wieder an zu kichern; und natürlich blickten sie Kerâmat erneut an … Aber plötzlich wurden sie zu Tisch gerufen.

Lauter ausländische Gerichte; in verschiedenen Farben und Formen, in Kristall- oder Metallgefäßen, unter denen kleine Flammen brannten. Die Leute, sowohl die Frauen als auch die Männer, taten sich nur so viel auf, als ob es für Spatzen wäre, aus jedem Topf legten sie sich nur eine winzige Portion auf ihren Tellerrand. Kerâmat lachte sie aus, er ging an ihnen vorbei, und zum Schluss fand er sein Lieblingsessen: Lamm-Kebâb, er zog die Platte ganz zu sich herüber und krempelte die Ärmel hoch, damit sie keinen Fettfleck abbekämen. «Im Namen Gottes», sagte er und langte zu.

Nach dem Abendessen spielte eine Gruppe von Frauen und Männern an dem großen Tisch im Salon Roulette. Kerâmat wurde aus diesem Spiel nicht schlau. Das Jackett über dem Unterarm, wanderte er um den Tisch herum, beugte die breiten Schultern vornüber und beobachtete die rollende Kugel scharf aus dem Augenwinkel. Er strich sich mit der Handkante links und rechts über den Schnurrbart. Seine kräftige Männlichkeit brauste durch den Raum wie eine Woge, die alles umwirft.

Halb geleerte Gläser standen auf dem breiten Rand des Roulettetisches. Die Leute waren unkonzentriert. Das Spiel verlor an Feuer. Jemand, von dem niemand das erwartet hätte, gewann. Kerâmat drehte dem Tisch den Rücken zu und ging auf eine Gruppe von Männern zu, die sich auf der anderen Seite versammelt hatten. Die Leute am Tisch atmeten auf, aber die Lust am Spiel war ihnen vergangen, man zerstreute sich.

Die Männer dort – zum Teil saßen, zum Teil standen sie – machten, eine Zigarre zwischen den Fingern, Pläne für die

Silvesternacht oder verabredeten sich für die Sauna. Sie unterhielten sich über die Skipiste von Welendschak, die sie zu kurz, und die von Disin, die sie wunderbar fanden. Behutsam wandten sie sich der Welt der Politik zu, dem Gouverneur, den der Schah abgesetzt hatte und dessen Posten vakant geworden war, manche nickten bedauernd mit dem Kopf, manche klatschten vor Freude in die Hände, andere fragten sich, wen Seine Majestät wohl für die freie Stelle ins Auge gefasst habe. Dann kam das Gespräch auf die steigenden Ölpreise und den Sturz der Aktien an der Londoner Börse. Daraufhin beschlossen sie, ihre Aktien an den Börsen gegen andere einzutauschen, aber dann riet jemand plötzlich: «Kaufen Sie Gold, meine Herren, Gold! In Kürze wird der Goldpreis wieder anziehen …»

Einige widersprachen, andere nickten zustimmend mit dem Kopf, noch andere meinten, sie würden darüber nachdenken.

Kerâmat presste die Lippen zusammen und kratzte sich ratlos mit dem Finger an der Schläfe. Dann schüttelte er den Kopf und ging mit zusammengezogenen Augenbrauen und gerunzelter Stirn unschlüssig zu Talâ und dem Frauenzirkel hinüber.

Die eine oder andere Dame machte Talâ flüsternd Vorschläge, diese zuckte kühl und gleichgültig mit den Achseln. Wieso baten sie sie um ihr Einverständnis? Dazu bestand doch keine Notwendigkeit. Im Übrigen wusste Talâ, was sie ihm bedeutete, und war sich ihrer Stellung sicher. Daher zog sie ihre Juwelenkette mit dem Finger zur Brust hinunter und blickte sich mit bedeutungsvollem Schweigen in der Runde um, als ob sie durch die Wände hindurchsehen könnte.

Kerâmat warf mit einem Mal den Kopf zurück. Das Geflüster verstummte. Prüfend schaute er die Frauen an, dabei schob er die Dinge auf dem Tisch hin und her, oder er ließ den Zeigefinger rings um einen Tellerrand oder ein Glas

kreisen. Alles im Raum erstarrte wie auf einem Gruppenfo-
to. Die Frauen hielten in Erwartung eines überraschenden
Ereignisses den Atem an. Etwas Aufregendes lag in der Luft.

Da lächelte Talâ als Reaktion auf das Schweigen, das sich
über die Maßen lange hinzog, wieder gleichmütig und legte
den Zeigefinger an die Rundung ihres schlanken Halses. Als
wollte sie die anderen herausfordern.

Kerâmat ließ die Frauen mit einer ruhigen Wendung seines Kopfes ein letztes Mal Revue passieren. Egal ob er schaute, ob er sprach, ob er ging, ob er eine Hand oder einen Fuß
rührte, alles und jedes war der Ausdruck purer Sexualität,
etwas Hundertprozentiges.

Dann trank er einen Schluck, runzelte die Stirn und klopfte ruhig die Asche von seiner Zigarette ab. Es war offensichtlich, dass die ganze Spannung über das hinausging, was die
schwachen Herzen dieser würdigen Damen ertragen konnten.

Die Blicke der Frauen folgten seinen Bewegungen. Sie sahen sich auf der Suche nach einer Erklärung dafür, was das
zu bedeuten hatte, fragend an. Der Ungewissheit überdrüs-
sig, seufzten sie schließlich, und noch bevor sie wieder Atem
schöpfen konnten, drehte Kerâmat seine Schultern langsam
in die andere Richtung, und mit einem schiefen Lächeln
stand er ruckartig auf. Eine kleine Pause ... das war kein nor-
males Benehmen, sondern eher so, als ob er das alles auf einer Bühne vorspielte ... dann trat er steif mit schweren
Schritten hinter Talâs Stuhl.

Sie erhob sich. Ein plötzliches Flattern ihrer Lider und darauf Blicke, die ihre Überraschung verrieten oder ihre Wün-
sche; die sanfte, leise Musik aus den dunklen, versteckten
Ecken des Salons zeigte an, dass es Zeit war, sich zu verabschieden. Kerâmat zog ihren Stuhl nach hinten. Er nahm
ihren seidenen Schal von der Lehne und legte ihn ihr auf die
schmalen Schultern.

Dann auf einmal ein Gelächter von den Männern aus dem Spielsalon, das Trappeln der Kellner auf dem Steinfußboden des Flurs oder das Klappern einer Gabel, die im falschen Moment zu Boden fiel. Doch niemand achtete darauf. Seine Präsenz verdrängte alles andere. Alle sahen nur ihn an. Sogar die unmerklichen Bewegungen seiner Brust nach jedem Ein- und Ausatmen machten einen nachhaltigen Eindruck auf die Sinne der Frauen.

Mit der Vornehmheit einer Comtesse legte Talâ den Finger wieder an ihre große Diamantenkette und zog die Enden des Schals auf ihren Schultern hin und her. Den Frauen stockte erneut der Atem, und sie schauten nur zu. Und dann geschah es, dass durch einen reinen Zufall die Karte von Kerâmats Autohandlung auf dem Tisch liegen blieb – vielleicht als er sein Taschentuch herausholte, um seine Zigarettenschachtel und sein silbernes Feuerzeug einzustecken –, einige Frauen stürzten sich atemlos darauf, um sich die Karte gegenseitig aus der Hand zu reißen.

Talâ räusperte sich. Die Frauen hörten mit einem Verzeihung heischenden Lächeln auf den Lippen auf, sich darum zu zanken. Hastig fuhren sie sich mit der Hand über den Körper, strichen sich den Kragen ihrer Kleider glatt und bleckten die Zähne, aber so, dass Talâ es nicht sehen konnte. Auf der Karte des Automobilgeschäftes standen nur ein Name und eine Telefonnummer. Und was war mit der Frau, die sie schließlich erbeutet hatte?

Talâ schaute die Frauen verächtlich lächelnd eine nach der andern an – weder mit Abscheu noch mit Hass, nichts dergleichen! –, dann setzte sie sich plötzlich mit einem ernsten, nachdenklichen Gesichtsausdruck, aber erhobenen Hauptes und mit schnellen Schritten in Richtung Ausgang in Bewegung, als hätte sie gerade einen festen Entschluss gefasst.

Der Seidenschal flatterte an beiden Seiten in der Luft, alle, die ihr im Weg standen, wichen aus, die gleichmäßige Gangart und das schnelle «Tack, Tack» ihrer Absätze ließen die Atmosphäre noch eisiger und angespannter erscheinen. Als Kerâmat zu sich kam, hatte Talâ bereits den halben Weg zurückgelegt, und er lief wie ein unaufmerksamer Schuljunge hinter ihr her.

Der Ausgang mit der gläsernen Drehtür verschluckte Talâ, Kerâmat kam nur einen Augenblick zu spät. Talâ wandte sich hinter der Glaswand um. Die Tränen ließen ihre Augen noch mehr glänzen als sonst. Kerâmat drückte die Handflächen gegen die Scheibe und schob das Gesicht vor. Talâ wandte den Kopf ab. Sie eilte aus der Drehtür.

Wieder diese schnellen Schritte der Frau und wieder der kräftige, große Junge, der aufgeregt hinter ihr herlief, sie nicht einholte und ein- oder zweimal beinahe hinfiel. Talâ erwartete ihn unbeweglich am Auto, sie kehrte ihm den Rücken zu. Kerâmat öffnete ihr den Wagenschlag, er wollte ihr etwas sagen, aber ihm fiel nichts ein. Talâ zog den Rock ein wenig hoch und stieg seitlich ins Auto ein. Um seinem Blick auszuweichen, schloss sie die Augen. Ihre Lider zitterten. Eine Spur von Tränen glänzte im Scheinwerferlicht eines entgegenkommenden Autos, welches das Wageninnere nur für den Bruchteil einer Sekunde erleuchtete. Nun öffnete sie die Augen wieder, weiter als je zuvor. Sie lehnte den Kopf nach hinten und tupfte sich den Rand der Lider mit dem Finger ab. Kerâmat verwünschte sich und seine sämtlichen Vorfahren, er durchsuchte sein hohles Hirn vergeblich von vorn bis hinten auf der Suche nach Worten des Trostes und der Bitte um Verzeihung.

Kerâmat testete die Frauen eine nach der andern. Unter ihnen war nicht eine, die es mit Talâ aufnehmen konnte. Es dauerte eine Woche, nicht länger.

Unter heftigen Entzugserscheinungen leidend und verrückt nach Kerâmat, blickte Talâ ruhiger denn je durch die regennassen Fensterscheiben ihres Zimmers auf die Straße, rauchte Zigarette um Zigarette und zählte die Menschen und die Autos, die vorbeikamen.

Kerâmat kehrte immer bei Sonnenuntergang zurück; im traurigsten Augenblick nach dem letzten Treffen. Eigentlich der richtige Augenblick für einen Abschied. Aber Kerâmat wählte stets genau diesen Moment für die Versöhnung.

Behdschat, die dicke, fette Dienerin des Hauses, verkündete lauthals die frohe Botschaft. Man hörte etwas zerbrechen, und überstürzt rannte sie keuchend in zu großen Pantoffeln über den Läufer im Flur. Talâs große Kaschmir-katze, die an einen Leoparden erinnerte, strich ihrem Frauchen um die Beine. Talâ betrachtete starr und stumm die bunten Neonlichter auf der Straße. Ein Tränenschleier brach die geraden Linien von allem, was in ihrem Blickfeld lag, und die Ecken verschwammen.

Die Tür ging auf; ein Luftzug wehte durchs Zimmer. Talâ hörte sein Herz klopfen, und wie es bei allem war, was mit ihm zu tun hatte, doppelt so stark wie bei anderen Leuten. Und dann roch der ganze Raum im Handumdrehen nach seinem warmen Atem.

Das Schlurfen von Schuhen … und eine Stille, wie sie von Kindern ausgeht, die sich schämen. Kerâmats heiße Lippen brannten auf ihren Schultern. Die Straße mit ihren Fenstern, Laternen und Bäumen war mit einem Mal in einen dichten Nebel gehüllt. Da drehte sie sich um. Sie erhob sich auf die Zehenspitzen, legte die Hände auf seine Schultern und rückte ihr nasses Angesicht an seine breite, vorgewölbte Brust. Und der Geruch seines männlichen Körpers, ein sinnlicher, erregender Geruch, versengte ihre Nasenflügel.

Talâ ließ das Gewicht ihres Körpers auf den starken Händen ruhen, die sie an der Taille erfassten und von denen eine betäubende Welle ausging, die sich durch ihren ganzen Körper ausbreitete. Es kam ihr vor, als ob flüssiges Blei durch ihre Adern strömte.

Kerâmats Hände glitten langsam über den Rücken der Frau, dann ließ er sie eine Weile auf ihrem Gesäß ruhen und kniff ein wenig hinein, nahm ihr Ohrläppchen zwischen die Zähne und sagte mit seiner rauen Bassstimme: «Bei 'Ali, mach mit mir, was du willst!»

Und damit gab sie sich zufrieden.

Unter allen Frauen, die in seinen Armen gelegen hatten, war nicht eine, die auch nur im Entferntesten das Format von Talâ gehabt hatte. Am wenigsten Batul.

Er war über den Zaun gesprungen und hatte den Garten betreten. Batul hatte auf ihrer Terrasse gesessen. Kaum hatte sie seine einschüchternde Erscheinung erblickt, da war sie wie eine Taube in ihr Häuschen geflohen und hatte die Tür von innen abgeschlossen. Von jenem schiefen Lächeln, das er sonst immer zur Schau trug, war diesmal keine Spur zu sehen, und das war der Grund dafür, dass ihr das Herz in die Hose gesunken war.

Kerâmat brach die Tür mit brutaler Gewalt auf. Die Obstschale war umgestürzt, das Opiumbesteck noch warm. Kissen mit schmutzigem Bezug lagen überall herum. Wie wenn die Gäste verschwunden wären, als sie Kerâmats Schritte hörten. Er stieß das Tablett, auf dem das Opiumbesteck lag, mit dem Fuß um. Kleine glühende Stückchen Holzkohle und Asche rieselten auf den Teppich.

Kerâmat brüllte sie an: «Halt die Klappe!»

Die Frau hörte nicht. Mit geschlossenen Augen saß sie, den Rücken an die Wand gelehnt, auf einem Sitzgestell und kreischte.

Kerâmat schrie sie an: «Halt den Mund, du Schlampe!»

Er griff in die Tasche und brüllte wieder: «Du schläfst mit dieser Nutte Malihe … Ich hasse dich.»

Batul hörte plötzlich auf. Sie winselte wie ein Hund und fing an zu zittern. Sie hatte sicherlich begriffen, dass diese

Wutausbrüche mit dem Garten zu tun hatten. Kerâmat suchte etwas in seiner Tasche, und dann holte er sein Messer heraus. Auf einen Knopfdruck löste sich die Arretierung der Klinge. Batul fiel auf der Stelle in Ohnmacht.

Kerâmat sah sie von oben bis unten an. Er spuckte auf den Teppich, wischte sich mit dem Ärmel den Mund ab und ließ die Klinge wieder im Griff verschwinden.

«Wenn ich das nächste Mal komme, das schwör ich dir, so wahr mir 'Ali helfe, steck ich es nicht wieder weg, bevor Blut dran klebt.»

Das sagte er der Frau aus nächster Nähe ins Gesicht, nachdem er sie am Hals gepackt und mit aller Kraft, die er in den Pranken hatte, ganz dicht an sich herangezogen hatte.

Er hob die Hand. Auch nach all den Jahren kam es ihm noch so vor, als ob er den Griff in der Faust hielte. Er sah sogar Blut von der Messerspitze tropfen. Und wenn er dieses Messer schon ein paar Jahre eher besessen hätte?

Ghontsche öffnete besorgt die Tür. Sie drehte Kerâmat um, legte ihm die Hand auf die Faust und bettete seinen Kopf auf das Kissen.

«Wasser! Bring mir ein Glas Wasser!»

Ghontsche murmelte: «Es fängt schon wieder an!»

Und sie ging hinaus.

8

Zwölf Uhr nachts

Kerâmat hörte die Haustürklingel und einige Sekunden später einen kurzen Wortwechsel.

«Na, wo ist denn unser Champion?»

Er erkannte die Stimme des Doktors, eines Mannes, der immer gut gelaunt und immer in Eile war. Kerâmat richtete sich auf und setzte sich hin. Die Tür des Zimmers ging auf. Der Doktor und Ghontsche kamen herein.

Kerâmat wandte sich verärgert an Ghontsche: «Zu dieser nachtschlafenden Zeit holst du Mass'ud aus dem Bett, wozu denn bloß?»

Ghontsche antwortete: «Ich hab ihm doch gar nicht gesagt, er soll kommen. Ich hab bloß angerufen, um …»

Der Doktor unterbrach sie, wie stets gut gelaunt: «Ich bin gekommen, weil ich mich über sie beschweren will. Mich um diese Zeit mitten in der Nacht aus dem Bett zu holen, und dazu noch so eine tolle Frau, schön wie die Sonne.»

Er hob die Hand, legte die Finger aneinander, küsste sie und lehnte den Oberkörper mit lautem Gelächter zurück. Ghontsche verzog das Gesicht und ging aus dem Zimmer. Der Doktor zeigte auf die Stelle zwischen Kerâmats Beinen und fragte: «Na, wie geht's dir denn da so?»

Dann hielt er sich wieder die Seiten vor Lachen.

Ghontsche brachte Tee und Süßigkeiten. Inzwischen war das Gespräch der Männer lebhaft geworden. Sie unterhielten sich aufgeregt, und dabei beugten sie sich bald vor und aufeinander zu, bald lehnten sie sich auch wieder zurück. Wie immer hatten sie unterschiedliche Ansichten, und wie immer schlossen sie schließlich Frieden.

«Lass mich dir eins sagen, lieber Doktor, Geschäfte mit Juden im Allgemeinen wie im Besonderen beim Handel mit Altertümern sind ein gefährliches Ding. Mit den Juden hier kann man sich null einlassen. Null!»

Das zweite «Null» betonte er extra und sah den Doktor eine Weile starr an, ohne die Miene zu verziehen.

Der Doktor neigte den Kopf und fragte bedächtig: «Und wieso?»

Kerâmat zuckte zusammen, hob die Stimme ein bisschen und erwiderte: «Das Problem liegt für uns darin, dass ich für die Regierung arbeite. Willst du, dass man uns mit Israel in Verbindung bringt?»

Dann schaute er zu Ghontsche hinüber und sagte empört: «Er fragt, wieso!»

Er nickte, zog die Decke ein Stück über die Beine hoch, und dann blickte er wieder den Doktor an.

Dieser antwortete: «Die Typen, die ich in der Türkei gesehen habe, kommen für uns nicht infrage.»

Kerâmat entgegnete: «Würden Euer Gnaden uns vielleicht verraten, wieso nicht?»

Der Doktor erklärte: «In meinen Augen ist auf die kein Verlass, man kann ihnen nicht trauen.»

Kerâmat wurde ungeduldig: «Seitdem der Krieg mit Saddâm Hussein vorbei ist, geht's auf dem Markt für Altertümer doch drunter und drüber.»

Der Doktor wandte ein: «Während des Krieges hatten wir diesen Markt auch nicht unter Kontrolle.»

«Ja, einverstanden. Aber alle Leute, die damals mitgemischt haben, was die nicht alles erzählen, wie das Geschäft gebrummt hat! Sie sagen, die arabischen Dealer in der Türkei und in Dubai haben sich förmlich auf unsere Artikel gestürzt; und das bei hohen Preisen. Aber jetzt macht jeder, der was anzubieten hat, in Altertümern. Du hast tausend Konkurrenten und musst die Fühler überallhin ausstrecken.»

«Ich sage dir, du musst keine Angst haben. Der jüdische Händler, den ich getroffen habe, hat übrigens einen amerikanischen Pass.»

«Noch schlimmer! ... Wir haben auf diesem Markt jede Menge Konkurrenten. Woher weißt du eigentlich, dass dieser Jude keine Falle ist, die uns die Konkurrenz gestellt hat? ... Willst du, dass wir da reintappen?»

«Das ist keine Falle!»

Kerâmat schüttelte beharrlich den Kopf. Er gab nicht nach: «Doch, das ist eine!»

Ghontsche warf ein: «Trinkt doch euern Tee, der wird ja ganz kalt.»

Der Doktor streckte die Hand aus, nahm ein Plätzchen, schob es sich in den Mund und bemerkte: «Das klappt schon, weißt du noch, wie du kurz vor Kriegsende gesagt hast, wenn der Krieg erst mal vorbei ist und die Preise fallen, gehen wir alle pleite? ... Und? Sind wir pleitegegangen? Nein, sind wir nicht!»

Ghontsche bat: «Um Gottes willen, erinnere uns doch nicht daran! Mir stehen immer noch die Haare zu Berge.»

Es war schon nach Mitternacht, als der Doktor endlich aufstand; es war Zeit zu gehen. Da fiel Kerâmat ein: «Übrigens ... Du solltest mir Bescheid geben, welche Medikamente in den Apotheken fehlen, damit ich die Jungs nach Dubai schicke. Sie sollen sie einkaufen, herbringen und dann auf dem schwarzen Markt verticken. Aber bloß solche, die ordentlich was abwerfen, klar?»

Als Zeichen der Zustimmung legte der Doktor beide Hände vor die Augen. Dann steckte er sich eine Handvoll Sonnenblumenkerne in die Tasche, zeigte noch einmal zwischen

Kerâmats Beine und sagte: «Schließlich hast du mir gar nicht gesagt, wie's dir da unten geht.» Lachend schritt er zur Tür, aber bevor er hinausging, bemerkte er noch: «Du musst dir ein bisschen Bewegung verschaffen, Sport treiben, irgendwas.»

Von Zeit zu Zeit überfiel Kerâmat manchmal trotz seiner vielen Geschäfte plötzlich die Lust, wieder die Luft eines «Krafthauses», einer traditionellen Sportstätte, zu atmen. Er hörte die Glocke des Morscheds, ihr heller Klang hallte unter der gewölbten Decke wider. Dann antworteten alle mit Anrufungen Gottes und der Heiligen. Er nahm am Rundgang um die Arena teil und sprang mit seinem massigen Körper dort hinein.

Es war Scha'bun «ohne Hirn» gewesen, der ihm den Weg in einen solchen Sportklub gewiesen hatte, er selbst hatte ihm das erste Mal den Kabâde, den eisernen Bogen für athletische Übungen, in die Hand gedrückt.

Kerâmat war schon ganz nass geschwitzt, aber er hörte nicht auf, die Keulen zu schwingen. Er kannte keine Müdigkeit. Dann griff er zum Schild. Er beugte sich nach vorn und machte einen Liegestütz nach dem anderen. Die Muskeln an Brust und Oberarmen traten hervor. Die lila Abbilder des Schahs und der Kaiserin auf seinen Oberarmen glänzten auf der nassen Haut.

Er gehörte stets zu den Ersten. Der Morsched rief: «Bei 'Ali!» Er wärmte das Fell der Trommel, indem er sie über der Glut des Kohlebeckens hin und her wendete, und schlug die Glocke; Kerâmat fing an, sich um die eigene Achse zu drehen. In der Arena ertönte es von allen Seiten «Maschallah!», und wieder wurden Gott und der Prophet angerufen. Kerâmat drehte sich noch schneller. Die Wände des Krafthauses mit ihren dreieckigen Teppichen, ihren bedruckten Baumwollvorhängen und ihren Papierblumen, den Fotos der Champions, ihren Spiegeln und ihren Papierblumen, alles,

alles begann, sich um ihn zu drehen. Er sagte sich: «So treibe ich das Gift aus meinem Körper aus.»

Jedem, der ihm auch nur zusah, wurde schwindlig. «Alle missgünstigen und neidischen Augen sollen erblinden!», so hörte man die Leute beten. Beim Verlassen des Krafthauses warf die dicht gedrängte Menge der Zuschauer dem Morsched alles Kleingeld, das sie in den Taschen hatte, auf den Teppich. Die Kristalllampe, die dort stand, verschwand bis zur halben Höhe hinter den Münzen. Ohne Kerâmat wäre das Krafthaus bei Weitem nicht so erfolgreich gewesen.

Im Umkleideraum kam Scha'bun zur Sache. Er sprach von der Würde und der Ehre der Nation und davon, dass er den Verrätern am liebsten egal was – was er gerade zur Hand hätte oder was griffbereit wäre – in den Arsch schieben würde. Kerâmat begriff nicht. Er wusste nicht, von wem oder wovon Scha'bun redete. Aber als dieser violett anlief, seine Halsschlagadern anschwollen, er anfing, wie ein Rohrspatz zu schimpfen, und mit Schaum vor dem Mund Gift und Galle spuckte, da rief Kerâmat laut aus: «Da haben sie sich aber geschnitten. Wer hat denn diese Hunde hergeschickt, Âgh Scha'bun?»

Dann streckte er seine Hand aus, zeigte auf die Umstehenden und fragte: «Was machen wir eigentlich noch hier? Wir sind deine Leute, vom Größten bis zum Kleinsten. Âgh Scha'bun, befiehl, wir folgen!»

Scha'bun legte die Hand auf seine behaarte Brust und leistete einen Eid auf den Schah von Iran; dann fügte er hinzu: «Gott verhüte, dass es so weit kommt, dass … Aber egal, was … Unsre Mütter haben uns hier in diesem Land geworfen, und in diesem Land wollen wir auch ins Gras beißen. Wir können nicht zulassen, dass diese Verräter es ans Ausland verkaufen.»

Dann erhob er die Stimme noch etwas und rief: «Wir alle sind bereit, uns für Seine Majestät zu opfern.»

Danach baute er sich, erst mit der Linken, dann mit der Rechten nach vorn, vor dem Spiegel auf, ließ seine Muskeln spielen und betrachtete die auf seinen Oberarmen eintätowierten Darstellungen des Schahs und der Kaiserin.

Scha'bun «ohne Hirn» pflegte Kerâmat zu politischen Treffen und zu Demonstrationen zu schicken. Hassan, «der Araber», «Eis»-Ramasân, Gholâm, «die Negerin», Tayyeb ... Das waren Namen, die er aus dem Munde von Scha'bun gehört hatte, Mitstreiter bei Aktionen auf der Straße.

Kerâmat nahm nach solchen Einsätzen eine Siegerpose ein; er trug das Hemd bis zum Nabel offen und ließ eine dicke Goldkette in der schwarzen Wolle auf seiner Brust glitzern. Der besondere Klang seiner Absätze lockte die Frauen ans Fenster. Er zog sich die Krempe seines Filzhuts tief ins Gesicht, trug seinen schwarzen Blouson mal auf der linken, mal auf der rechten Schulter, strich sich mit der Hand über den glänzenden Schnurrbart und lächelte der Frau, die er sich aussuchte, schließlich mit schiefem Mund zu.

Es verging kein Tag, an dem ihm nicht aus einer nur einen Spalt geöffneten Tür oder von einem Flachdach etwas in ein Taschentuch Geknotetes vor die Füße geworfen wurde. Er hob das Tuch nur auf, wenn er glaubte, die Besitzerin zu kennen, und sie ihm gefallen hatte. Darin eingebunden war fast immer die Angabe eines Treffpunktes, eine alte Burg außerhalb der Stadt, ein Brunnenhäuschen nahe dem Basar, ein verlassener Friedhof. Manchmal lag auch ein einzelner Ohrring oder eine Goldmünze darin oder etwas anderes, das warfen ihm Frauen zu, die es nicht wagten, sich mit ihm zu treffen. Es lief das Gerücht um, er habe das Schmuckgeschäft am Eingang des Basars mit dem Gold eröffnet, das ihm die Frauen zugeworfen hatten.

Er machte alle Frauen in der Stadt verrückt, und jede Frau, die einmal ein Stelldichein mit ihm gehabt hatte, konnte nicht mehr von ihm lassen; Batul war nur eine von ihnen gewesen. Aber Kerâmat hatte noch mehr zu bieten, sein Wagemut außer Haus ließ im Vergleich zu seiner Männlichkeit im Bett nichts zu wünschen übrig. Er hatte Batul nur einen einzigen Blick zugeworfen, und schon war sie ihm mit Haut und Haar verfallen.

Die beiden sprangen gemeinsam ins Wasser. Was für ein Genuss! Batul hatte einen Schlüpfer an, sie streckte die Hand aus und nahm aus der Überflussrinne des Beckens, in der alles mögliche Obst der Saison zum Kühlen lag, ein paar Birnen. Sie biss hinein und hielt sie Kerâmat vor den Mund. Gierig näherte Kerâmat seine Zähne denen von Batul.

Tja, Schemirân mit seinen Sommerhäusern, darunter der Garten von Batul. Wenn er dorthin kam, war das kristallklare Wasser inmitten der Hecke von Tabriser Pappeln stets eine Verlockung für ihn. Dies war wirklich und wahrhaftig ein Stück vom Paradies, und wenn er dorthin kam, hatte Batul vorher dafür gesorgt, dass sie allein waren.

Sie war bis über beide Ohren in ihn verliebt, richtiggehend verknallt, und sie war die erste Frau, die sonst was für Kerâmat hergegeben hätte. Wenn Batul die Augen schloss und ihre Haare im Wasser treiben ließ, brannte Kerâmat förmlich vor Verlangen, als ob sich seine gesamte Lebenskraft in einem Punkt, in genau diesem einen Punkt konzentrierte. Mit einem Kopfschütteln verfluchte er sich selbst und Batul mitsamt all ihren Vorfahren. Er machte einen Kopfsprung und griff aus dem kalten Wasser nach den Händen von Batul, schließlich zog er sie hinein und tauchte sie unter.

Batul entfloh ihm. Wie ein Fisch entglitt sie seinen Händen und kletterte hinaus. Sie war so schnell, sie schlängelte sich so gewandt hin und her wie ein Aal, als hätte sie keine Knochen im Leib.

Wenn ihnen kalt wurde, umarmten sie sich heftig, so fest, dass es ein unmögliches Unterfangen schien, sie zu trennen.

Batul zitterte immer noch, aber jetzt nicht mehr vor Kälte. Kerâmat hob sie mit beiden Händen hoch und richtete sich lautlos auf, als ginge er auf Watte. Er kam aus dem Becken, als brächte er ein Kind zu Bett.

Wie schön waren doch die vergangenen Zeiten! Wenn er sich an das Wasserbecken und Batul erinnerte, wurde ihm warm ums Herz. Jene Sommer kamen ihm endlos vor. Die ganze Vergangenheit bestand nur aus Frühling und Sommer. Und Liebe.

Die Wochenendnächte in jenem tausend Quadratmeter großen Garten mit dem verhältnismäßig kleinen Bau in der Mitte gehörten zu Kerâmats schönsten Erinnerungen. Er brachte sein Grammofon mit, und Batul kaufte nach und nach alle Platten von Mahwasch. Die schelmische Batul hatte dieselbe Gestik wie sie. Auch wenn Mahwasch ein bisschen fülliger war. Sie glichen sich wie ein Ei dem anderen.

«Iss noch etwas Leber! Und Sahnetorte!»

Batul hatte nicht so viel Appetit. Kerâmat fütterte sie mit Kebâb, es nützte nichts. Ein-, zweimal kam es ihr hinterher wieder hoch. Kerâmat zog ihr eins mit dem Gürtel über. Er zwang sie, sich alles, was sie erbrochen hatte, nochmals zu Gemüte zu führen. Batul musste aufstoßen, sie aß und aß und bat Kerâmat mit flehenden Blicken, ihr zu verzeihen, sie vergoss Tränen und aß, bis Kerâmat schließlich, ohne die gerunzelte Stirn zu glätten, sagte: «So, jetzt geh und wasch dir Gesicht und Hände!»

Glückstrahlend gehorchte sie auf der Stelle. Sie stand auf, wusch sich das Gesicht, setzte sich Kerâmats Hut auf, und um seine Laune zu verbessern, begann sie Späße zu machen.

Kerâmat pflegte zu sagen: «Nur ein bisschen mehr auf den Rippen, das würde mir reichen, du Frechdachs. Gib dir ein bisschen Mühe! ... Mehr verlang ich doch gar nicht von dir.»

Batul war noch mit ihm liiert, als Mahwasch, die berühmte Schlagersängerin der Stadt, starb. Zur Gedenkfeier eine Woche nach ihrem Tod gingen sie zusammen auf den Friedhof. Schon am frühen Morgen fuhren alle Männer aus dem Süden der Stadt mit ihrer halben Flasche Arak in der Hand auf Lastwagen zu ihrem Grab. Sie vergossen Tränen und sangen im Chor Mahwaschs Lieder. Zwischendurch setzten sie sich gegenseitig ihre Schnapsflaschen an die Lippen, und dann weinten sie wieder. «Auf ihr Wohl!» Ihr Tod war wie ihr Leben, eine Feier.

Als er Batul kennenlernte, verfügte er noch nicht über viel Geld, er hatte ein Zimmer hinter einem verfallenen öffentlichen Bad. Alles, was er besaß, war ein billiger Teppich, wie er in den Moscheen ausliegt, und eine Gaslampe. Aber seine Augen hatten ein gewisses Etwas, und ihretwegen war Batul bereit, sich mit ihm einzulassen. Sie pflegte zu Kerâmat zu sagen: «Du gefällst mir; die Wolle auf deiner Brust macht mich an.»

Sie hatte abgewehrt: «Nein ... Misch dich da nicht ein.»

Sie schob Kerâmat beiseite. Ein neuer Mercedes hielt vor dem Zaun an ihrem Garten. Ihr Gesicht war kalkweiß. Noch bevor Kerâmat eine Bewegung machte, lief sie zur Eingangstür. Kerâmat stand auf der Terrasse; er lehnte sich an die Wand, zog die Augenbrauen hoch und blickte skeptisch drein.

Zuerst hörte man sie nur leise tuscheln. Dann wurden die Stimmen ein wenig lauter. Batul wiederholte ein paarmal: «Er hat es mir überschrieben, mein Herr, auf meinen Namen. Nach Gesetz und Recht gehört es mir, verstehen Sie nicht?»

Der Mann fuchtelte Batul mit dem Finger im Gesicht herum und drohte ihr. Dann war die Rede vom Gericht und von Rechtsanwälten. Sogar davon, dass sie im Garten Feuer legen würden. Batul sah sich gezwungen, Kerâmat um Hilfe zu bitten, trotz aller Versuche, sich zu mäßigen, wurde sie schließlich laut.

«Er selbst hat mir den Garten aus eigenem Antrieb und aus freien Stücken übereignet. Während ihr, du und deine Schwestern, kaum noch hier wart, euch in Europa herumgetrieben habt und euerm Vergnügen nachgegangen seid, habe ich ihm die Scheiße vom Arsch abgewaschen. Ich war nach der Schari'a seine rechtmäßige Frau, ich habe nicht in Sünde und Schande mit ihm gelebt. Und wenn ich den Garten in Brand stecken müsste, euch werd ich ihn jedenfalls nicht überlassen. Warum lasst ihr mich nicht in Ruhe? Ihr denkt wohl, ich hätte niemand, der mir hilft?»

Als Kerâmat die Worte «niemand, der mir hilft» hörte, wurde sein Stolz gekitzelt. Er fuhr dazwischen. Lässig ging er mit schweren Schritten auf sie zu, und mit einem schiefen Lächeln in den Mundwinkeln schob er seinen massigen Körper vor, so als ginge es darum, ein unartiges Kind zu maßregeln. Mit dem typischen Klirren seiner Absätze, mit seinem lockigen Schopf voller Brillantine, der wie ein Hahnenkamm über seiner Stirn schaukelte; und mit seinem Blick, mit seinen blitzenden Augen, ja, es gingen wirklich und wahrhaftig Blitze von ihnen aus; wenn er blinzelte, konnte man sie durch die Luft zucken sehen.

Als der Mann Kerâmats mächtige Gestalt sah, sank ihm das Herz in die Hose. Kerâmat packte ihn am Kragen und hob ihn eine Handbreit über den Boden. Er sah ihn so an, dass ihn auch, wenn er ein Löwe gewesen wäre, der Mut verlassen hätte. Dann sagte er nur einen einzigen Satz: «Von jetzt an hast du es mit mir zu tun, kapiert?»

Der Mann zappelte mit Armen und Beinen. Die Zunge hing ihm heraus. Er wagte es nicht, Kerâmat ins Gesicht zu sehen. Und die Laute, die er ausstieß, erinnerten an alles andere als an eine menschliche Stimme.

Batul nickte, das Gesicht nass vor Tränen, voller Groll mit

dem Kopf, während sich der Mann abstrampelte und wie ein wütendes Kind nach Luft schnappte. Mit einem bloßen Fingerschnippen hatte Kerâmat sie in dem Augenblick, in dem er von der Terrasse herunterkam, für ihr monatelanges Zittern und Zagen gerächt.

Der Mann war blau angelaufen, als Kerâmat ihn endlich auf dem Boden absetzte. Völlig aufgelöst wandte er sich zur Flucht.

«Guck mal, er hat sich in die Hosen gemacht!»

Kopflos rannte der Mann zum Auto, suchte den Türgriff und fand ihn nicht. Kerâmat streckte selbst die Hand aus, öffnete ihm den Wagenschlag, und dann gab er ihm noch einen Fußtritt in den Arsch. Der Mann hüpfte auf und nieder, als ob die Straße ein Nadelkissen wäre.

«Lass dich hier nicht mehr sehen!»

Und bevor er sich ans Steuer setzen konnte, spuckte sich Kerâmat in die Hand und klatschte ihm damit auf den Hinterkopf.

«Vergiss das nicht!»

Kerâmat stand breitbeinig mitten auf der Straße und sah verächtlich zu, wie das Auto wendete. Batul schloss die Augen, lehnte ihre Stirn gegen die Stelle zwischen seinen Schulterblättern und seufzte erleichtert. Sein breiter Rücken bot ihr Schutz wie ein Fels in der Brandung.

Damals hatte er sich Rücken und Oberarme tätowieren lassen, mit dem Schah und der Kaiserin … Er strich sich mit der Hand über den Oberarm, als ob er die Tätowierung mit den Fingerspitzen fühlen könnte. Nach der Revolution wagte er es nicht mehr, die Ärmel hochzukrempeln, er verbarg sie immer unter seiner Kleidung, aber sie waren dennoch da, und sie störten ihn, verächtlich fuhr er sich mit der Hand ans Geschlecht. Es gibt niemanden, der nicht ein, zwei schwarze Flecken in seiner Akte hätte; und hatte er andererseits nicht genug im Dienste dieser Revolution geleistet? Waren es etwa wenige Kommunisten und andere Verräter, die er aus dem Weg geräumt hatte?

Batul hatte ab und zu gedroht: «Ich nehme Gift, dann bist du mich los.»

Dann holte sie ein Fläschchen mit einer Substanz aus der Tasche und hielt es Kerâmat vor die Nase: «Ohne dich taugt der Garten nur noch dazu, mich dort zu beerdigen.»

Es ging bei ihren Auseinandersetzungen nicht nur um den Garten, sondern auch um eine Frau, eine Frau, die glaubte, mehr Besitzansprüche auf Batul zu haben als Kerâmat.

Die Frau pflegte Hosen und Männerhemden anzuziehen. Sie trug Gummistiefel, und wenn Kerâmat auftauchte, plusterte sie sich immer auf wie ein Rivale und ging fort.

Dann fragte Kerâmat: «Wer ist diese Person?»

Batul schaute bei diesen Gelegenheiten zu Boden, holte eine Haarsträhne hinter dem Ohr hervor und strich sie sich ins Gesicht. Darauf wickelte sie sich deren Ende um den Finger, schluckte und schaute dann plötzlich wieder Kerâmat an, mit einem gezwungenen Lächeln, das sich über ihr ganzes Gesicht zog. Dann stand sie auf und ging auf Kerâmat zu.

«Wenn du wütend bist, machst du mich so geil.»

Und dann schmiegte sie sich an ihn. Mit einem Ruck stieß Kerâmat sie weg.

«Was?»

Batul gab immer nur ausweichende Antworten. Kerâmat presste die Lippen zusammen, sein heißer Atem strömte laut aus den Nasenlöchern, leise fluchend wandte er das Gesicht ab und spuckte auf den Teppich.

Er blieb einen Moment unbeweglich stehen; dann ging er, ehe Batul vor Furcht einen Schlag bekam, weg und knallte die Tür so heftig zu, dass der Spiegel von dem Nagel in der Wand fiel.

Kerâmat begriff nicht, was für ein Geheimnis die beiden miteinander hatten. Männer ja, aber diese Frau? Und warum wollte sie ihm obendrein den Garten nicht überlassen? Er wollte eine Frau, über die er voll und ganz verfügen konnte, sowohl über sie als auch über ihr Hab und Gut. Und aus allen diesen Gründen wandte er sich von Batul ab. Aber sie kreuzte bei jeder passenden und unpassenden Gelegenheit seinen Weg, oder sie kam zu seiner Fleischerei, sie hätte ihn beinahe in seinem Viertel unmöglich gemacht. Sie pflegte zu sagen: «Was soll ich denn machen? Ich liebe dich doch.»

Kerâmat warf seinen schwarzen Blouson von einer Schulter auf die andere. Er schaute die Frau einen Moment wütend aus den Augenwinkeln an.

«Hau endlich ab, verdufte, putz die Platte! Lass dich hier nicht mehr blicken!»

Aber sie kam wieder, stellte sich auf dem Bürgersteig an eine Hauswand und verhüllte ihr Gesicht, bis Kerâmat vorbeikam: «Âgh Kerâmat!»

Kerâmat verfluchte sich selber, die Frau, Himmel und Hölle, alles und jedes und ging seiner Wege. Sie blieb, das Gesicht zur Wand gekehrt, weinend stehen. Am nächsten Tag kam sie wieder.

Kerâmat hetzte ihr seine Schläger auf den Hals, um ihr die Hölle heißzumachen. Sie prügelten sie windelweich, schnitten ihr die Haare ab, setzten ihr die Messerspitze an die Kehle und machten sie zur Sau. Die Nacht verbrachte Kerâmat auf der Wache. Scha'bun erfuhr davon. Er informierte den Parlamentsabgeordneten Emâmi. Noch vor Mittag war er wieder frei.

Emâmi gehörte zur Fraktion der Schah-Anhänger im Parlament. Er pflegte zu sagen: «Heutzutage macht jeder, was er will. Das Land braucht einen starken Mann, einen richtig starken Mann, der den Leuten zeigt, wo's langgeht. Wie ein Hausvater, der ihnen das tägliche Brot gibt, aber auch Prügel austeilt. Dieser starke Mann im Land muss jemand wie Nâsser-od-Din Schâh sein, dem man auf die Frage, wie spät es sei, geantwortet hat: ‹So spät, wie Euer Gnaden befehlen!› Oder wie Resâ Schâh, der dem Chef der Justiz mal befohlen hat: ‹Hau ab, zieh Leine!› Da zog der Kerl ab und brachte sich um. So muss man mit den Leuten umspringen, so ist es recht.»

An jenem Tag gegen Mittag kam Kerâmat in den unterir- dischen, gekachelten Raum des Parlaments mit Pool und Wasserspielen. Dort waren alle Kerle von Tehrun, auf die Verlass war, versammelt, all die tätowierten Jungs: Scha'bun «ohne Hirn», Asis, «der Sperber», Hassan, «der Kreisel», «Eis»-Ramasân, Tayyeb, Gholâm, «die Negerin» ... alle miteinander. Schließlich traf auch Herr Emâmi ein.

Wenn Emâmi einmal anfing zu reden, konnte ihn niemand mehr so leicht zum Schweigen bringen. Er hob an: «Dann behauptet Herr Mossaddegh, der Schah habe nichts zu sagen, nur er habe etwas zu sagen. Und das immer unter seiner Bettdecke, mit hängenden Schultern, dieser Kahlkopf. Man braucht ihn nur anzupusten, dann fällt er um und steht nicht wieder auf. Oberster Befehlshaber im Land ... so ein Schwächling, das kommt nicht infrage! Was er macht, ist alles ohne Saft und Kraft. Ja, bei seinen politischen Versammlungen, da schreit und brüllt er natürlich herum, aber anstatt dass die Bauernlümmel, die sich um ihn versammeln, Angst kriegen und sich verkriechen, scharen sie sich um ihn und tragen ihn auf den Schultern.»

An jenem Tag begriff Kerâmat, dass dieser Bursche wichtig war. Gholâm, «die Negerin», zeigte ihm Emâmi und flüsterte ihm ins Ohr: «Der und Seine Majestät sind ein Herz und eine Seele. Er hat mir gesagt: ‹Der alte Schwächling ist daran schuld, dass Seine Majestät so beschissen drauf sind.›»

Emâmi hatte gerade erst richtig Feuer gefangen: «Es gibt weder Freiheit noch Sicherheit. Der Tapergreis will das Land von seinem Bett aus regieren. Können wir da einfach die Hände in den Schoß legen, uns hinsetzen und zuschauen, wie dieser Herr das Land mit beiden Händen an die Kommunisten ausliefert? Er sagt: ‹Es soll Freiheit herrschen!› Freiheit dafür, dass die Kommunisten die Frauen in unserm Land zum Gemeingut erklären? ... Freiheit dafür, uns unsern Glauben und unsere Ehre zu stehlen? ... Seine Majestät hat im Augenblick noch Geduld mit ihm!»

Darauf wurden Tabletts mit Tschelou-Kebâb gebracht, Hähnchenkeulen und Fessendschân mit Choresch. Sie schlugen sich den Bauch voll. Und von allen Seiten ertönten Rülpser, die sich wie Schüsse anhörten. Eine silberne Wasserkanne machte die Runde, und sie wuschen sich die fettigen Hände. Sie holten ihre großen, karierten Taschentücher heraus und wischten sich den Schweiß vom Doppelkinn. Dann wurden ihnen die Lider schwer. An die Wand gelehnt, den Filzhut bis über die Augenbrauen ins Gesicht geschoben, rutschten sie nach unten auf den Boden. Einen Moment später hörte man sie aus allen vier Himmelsrichtungen und in allen Tonlagen schnarchen. Unter der Kuppel hallte ein solcher Lärm wider, als ob hinter der Wand Wagen schepperten und Kettenpanzer rasselten.

In jenen Jahren war Kerâmat so beschäftigt, dass ihm kaum Zeit blieb, sich den Kopf zu kratzen. An dem einen Tag gab es eine Versammlung, bei denen man die Teilnehmer Mores lehren musste, am nächsten hatte eine Zeitung die Grenzen überschritten, und man musste den Schreiberlingen die Ohren lang ziehen, am dritten ... Aber trotz alledem, wenn er sich abends nach der ganzen Hektik des Tages hinlegte, dann hätte ihn nicht einmal ein Kanonenschuss geweckt. Doch jetzt, vierzig Jahre danach, wurde er sogar vom Sirren einer Mücke wach. Und neuerdings träumte er, sobald er einschlief, von den Müllhalden der Geschichte. Oder er träumte vom Geklapper der Häftlingssandalen auf den nackten Fluren des Gefängnisses, oder er sah im Traum die Reihen enger Zellen, die so klein waren, dass man sich darin weder aufrichten noch hinlegen konnte, alle voller Mädchen mit schwarzen Tschâdors, die aussahen wie Krähen. Plötzlich griffen ihn die Krähen mit lautem Krächzen an. Oder er träumte, er wäre im Heizungsraum eines öffentlichen Bades und käme um vor Hitze. Zusammen mit den schlimmsten Unholden der Geschichte, dem Mörder von 'Ali und dem Schlächter von Kerbelâ, und schwarze Krähen pickten ihnen die Augen aus. Oft schrie er dann und schrak aus dem Schlaf auf. Ghontsche richtete sich halb auf. Kerâmat standen dicke Schweißperlen auf der Stirn.

Mit einem Mal öffnete Kerâmat die Augen, ein Sandwich und eine Kanne mit einem Getränk standen neben seinem Bett, und doch bedrängte ihn wieder ein quälendes Hungergefühl. Er schloss die Augen und wälzte sich auf die andere Seite des großen Bettes. Er fluchte und fuhr sich mit der Hand ans Geschlecht.

Er fand keine Ruhe. Sein Mund war trocken, er hatte einen bitteren Geschmack auf der Zunge, die Knochen taten ihm weh, die Augäpfel schmerzten, und irgendwo tief im Inneren schwärte in seinem Gewissen eine große, brennende Wunde. Früher rettete ihn nachts – egal, was für eine Sünde er begangen hatte – ein Schimmer innerer Reinheit. Er schüttelte den Kopf und sagte sich: «Wie sehr hab ich mich ficken lassen, dass ich jetzt den Arsch so offen habe!»

9

Am nächsten Tag
Elf Uhr morgens

Es war einer von den Tagen, an denen Kerâmat nicht die geringste Lust hatte zu arbeiten. Aber sobald er im Büro ankam, griff er gewohnheitsmäßig zum Hörer und verlangte nach Mostafâ.

«Er ist noch nicht zur Arbeit erschienen, Âgh Kerâmat.»

«Wieso das denn? ... Es ist doch schon elf! Ruf bei ihm zu Hause an, mal sehen, wo er bleibt.»

Ein paar Minuten später gab man Kerâmat Bescheid, er sei auf Dienstreise. Kerâmat begriff nicht: «Was für eine Dienstreise?» Er hatte ihn doch nicht auf Dienstreise geschickt! Dann klingelte das Telefon noch einmal. Diesmal war es die Pforte.

«Âgh Kerâmat, am Haupteingang ist Besuch für Sie.»

Er fragte erstaunt: «Besuch? ... Wer denn?»

«Eine Frau. Sie sagt, sie heißt Talâ.»

Kerâmat schwieg, und da sich sein Schweigen hinzog, fragte der Wachhabende: «Soll ich sie reinschicken? Sie hat gesagt, Sie selber haben ihr einen Termin gegeben.»

Kerâmat antwortete immer noch nicht, aber nach einer Weile stöhnte er gequält: «Gib ihr den Hörer.»

Talâ begrüßte ihn, aber Kerâmat entgegnete ihr schlecht gelaunt: «Wieso störst du mich bei der Arbeit?»

Talâ wusste, wie man mit Männern umgeht: «Guck mal, ich hab was mit dir zu besprechen, ich muss dich sehen. Wir müssen reden.»

Kerâmat fragte zurück: «Haben wir denn nicht erst gestern Abend geredet?»

«Ich brauche Hilfe von dir. Von dir oder von einem Mann, auf den Verlass ist!»

Talâ wusste, wie man jemanden um den Finger wickelt: «Auf den Verlass ist und der einen nicht im Stich lässt.» Kerâmat hatte immer großen Wert darauf gelegt, in den Augen der anderen so dazustehen. Das waren die Dinge, die ihm über alles gingen. Er grunzte: «Hm ...»

Talâ versicherte ihm: «Du wirst es bei Gott nicht bereuen. Lieber Âgh Kerâmat, bloß fünf Minuten!»

Ihre Stimme klang so hilflos und traurig, dass Kerâmat nicht widerstehen konnte. Seit dem vergangenen Tag tauchte der alte Kerâmat von Zeit zu Zeit wieder aus der Tiefe seines Wesens auf, mit all seinen dunklen und hellen Seiten, mit allen verborgenen, versteckten Winkeln: «Aber hier?»

Talâ antwortete schnell: «Wo du willst.»

Kerâmat nickte mit dem Kopf und meinte: «Okay, um vier Uhr nachmittags oben am Hilton.»

Und er hängte den Hörer ein. Er lehnte sich zurück, legte die Füße auf den Tisch, den Kopf in den Nacken und schloss die Augen. Talâ hatte ihn mit ihrem plötzlichen Auftauchen wieder einmal überrumpelt.

«Âgh Kerâmat! ... Kerâmat! Ich bin's.»

Er zuckte zusammen. Er roch ihr Parfum. Das Schwarz-Weiß verschwand. Sein Gegenüber nahm wieder Farbe an. Die zitternden Hände von Pari, der geschmeidige Körper von Batul, die Späße von Aghdass und die lockigen Haare von Talâ, von denen er nicht wusste, womit sie sie wusch. Er flüsterte: «Nein, ist denn so was möglich?»

Ja, es war möglich. Er stand auf, aber er drehte sich nicht um. Er hörte ihre Schritte. Sie kamen näher, und während sie näher kamen, veränderte sich die Atmosphäre. Verlegen fragte er: «Wolltest du zu mir, Schwester?»

Eine Frau mit Sonnenbrille, schwarzem Kopftuch und langem Mantel stand ihm gegenüber. Sie entgegnete: «Was soll das? ‹Schwester›? Spiel kein Theater! Ich bin's, Talâ!»

Sie kam einen Schritt auf ihn zu. Kerâmat wich zurück, er runzelte die Stirn, presste die Lippen zusammen und fragte: «Du bist zurückgekommen? Warum?»

Talâ erwiderte: «Hätte ich dich vorher um Erlaubnis bitten müssen?»

Als sie noch einen Schritt auf ihn zuging, wehrte Kerâmat ab: «Komm mir nicht zu nahe!»

Talâ zuckte zurück: «Was soll das? Warum redest du so mit mir?»

«Das gehört sich nicht.»

Talâ beachtete ihn nicht und ging weiter auf ihn zu, jetzt stand sie so nahe bei ihm, dass er ihren Atem spürte. Sie nahm ihre Brille ab: «Ich verstehe nicht.»

Kerâmat steckte seine Gebetskette in die Tasche. Er flehte sie an: «Bitte, Talâ! Um Himmels willen! Man kann uns zusammen sehen.»

Talâ trat etwas zurück: «Als ob Blut an mir klebte!»

Kerâmat zeigte auf die Fotos und die frommen Sprüche, die an den Wänden hingen, und erklärte: «Es ist alles anders geworden.»

«Das weiß ich. Das sehe ich doch.»

Kerâmat fügte hinzu: «Ich bin auch nicht mehr derselbe.»

Talâ nickte betrübt mit dem Kopf: «Das wusste ich nicht. Aber ich glaube nicht, dass man sich so leicht ändern kann … Sag doch mal, was machst du denn überhaupt? Kann man das erfahren?»

«Ich?»

Talâ nickte mit dem Kopf und bekräftigte: «Ja, du!»

Kerâmat deutete mit der Hand rund um sich: «Was alle hier machen; genau dasselbe.»

Dann nickte er. Er verzog den Mund und setzte sein bekanntes, schiefes Lächeln auf: «Na, ja ... aber wie immer bin ich besser als die andern.»

Talâ kam wieder auf ihn zu. Sie senkte die Stimme: «Komm doch noch mal und tu was andres!»

Kerâmat sah sie an. Ungläubig fragte er: «Was andres?»

Talâ bestätigte: «Ja, was nicht alle machen.»

Kerâmat sah sich um. Er sagte ironisch: «Daran hatte ich bis jetzt noch gar nicht gedacht.»

Doch plötzlich ärgerte er sich: «Warum soll ich überhaupt was andres machen?»

«Dann ginge es uns vielleicht allen besser.»

Kerâmat nickte mit dem Kopf, er gab ihr recht: «Bestimmt. Davon bin ich überzeugt.»

Talâ fragte: «Und woher diese Überzeugung? ... Was ist übrigens mit mir? ... Mit denen, die von hier abhaun und ins Ausland gehen?»

Kerâmat antwortete: «Jetzt sind wir mal am Drücker.»

Talâ neigte den Kopf und sagte, wobei sie jedes Wort betonte: «Na, du standst ja vorher auch nicht gerade im Abseits.»

Kerâmat widersprach: «Aber ich fand es beschissen.»

«Und für wen willst du jetzt Rache nehmen?»

Kerâmat führte die Hand an sein Geschlecht, kniff die Augen zusammen und sagte hasserfüllt: «Für die, die weniger Macht haben als die andern.»

«Genau, und deshalb sag ich, komm und mach diesmal was andres. Was echt anders ist als bisher.»

Kerâmat fragte nach: «Kannst du dich vielleicht ein bisschen deutlicher ausdrücken?»

«Noch deutlicher? Wenn du nicht verstehen willst, dann eben nicht.»

«Ich will von nun an eine Rolle spielen. Man soll mit mir rechnen.»

Talâ machte ein finsteres Gesicht, sie runzelte die Stirn: «Mit dir? Mit dir will doch niemand spielen.»

«Aber ich spiele mein eigenes Spiel.»

«Glaub mir, du wirst nicht zu den Gewinnern gehören.»

«Aber sie müssen wenigstens Rechenschaft ablegen. Ich habe immer verloren. Jetzt reicht's.»

«Manche Menschen kommen als Verlierer auf die Welt.

Vielleicht bist du einer von denen.»

Kerâmat entgegnete ihr entschlossen: «Aber diesmal will ich gewinnen.»

Talâ erwiderte kühl und gleichgültig: «Deine Zeit ist um.»

Kerâmat widersprach: «Ich habe endlich kapiert, wie's läuft.»

«Die Spielregeln sind für uns zu kompliziert. Du und ich verstehen nichts davon.»

«Jetzt endlich bestimme ich die Regeln, verstehst du, ich!»

«Denkste! Das bildest du dir bloß ein ... Du wirst dieses Spiel nie begreifen, niemals. Du kannst nur eins, die Sachen versauen, alles versauen.»

Kerâmat blieb stur: «Manches taugt eben zu nichts anderm!»

«Sogar wenn es um dein eignes Land geht? Hä?»

Kerâmat riss die Augen auf: «Was für'n Land? ... Als ich nicht mal ein Stück Brot zu beißen hatte, wo war denn da das Land, von dem du redest?»

Talâ lachte ironisch: «Du glaubst, man ist dir was schuldig. Wann wären du und dieses Land denn quitt? ... Sag doch mal!»

Kerâmat spuckte auf den Boden: «Nie!»

Talâ wusste nicht recht, was sie ihm noch sagen sollte. Sie nickte eine Weile unschlüssig. Dann legte sie Kerâmat die Hand auf den Unterarm und meinte: «Es hat keinen Zweck. Sieh mal, ich bin hergekommen ...»

Kerâmat zog seinen Arm zurück.

Talâ protestierte: «Ich hab doch keinen Aussatz ... Ich bin gekommen, damit wir wieder zusammen ...»

Kerâmat holte seine Gebetskette aus der Tasche. Er widersprach: «Du und ich, wir haben nichts mehr miteinander zu tun. Mach, dass du wegkommst.»

Und er drehte ihr den Rücken zu. Talâ fauchte ihn an: «Du treuloser Schuft! ... Das kann doch nicht wahr sein!»

Sie schob sich die Brille wieder auf der Nase hoch. Kerâmat sagte, um sie zu besänftigen: «Ich sorge dafür, dass du den Garten in Desâschib wiederkriegst.»

Talâ nahm die Brille ab. Sie starrte seinen breiten Rücken an: «Aber ich will dich wiederhaben. Bloß dich!»

Kerâmat schloss die Augen und murmelte leise etwas.

Talâ hatte einen Kloß im Hals und sagte mit zittriger Stimme: «Als ich weggegangen bin, haben wir uns was versprochen, weißt du noch?»

Und sie setzte die Brille wieder auf. Kerâmat sagte mit eisiger Ruhe, ruhiger als je zuvor: «Ich habe mich verändert. Verstehst du, Talâ? Der Kerâmat, den du gekannt hast, ist tot.»

Sie versuchte ihn aufzurütteln: «Der Kerâmat, den ich gekannt habe, stirbt nicht, niemals!»

Eine erbärmliche Frau mit einem billigen Baumwolltuch auf dem Kopf stand vor ihm und weinte. He Mann, wo bleibt denn jetzt deine Ritterlichkeit? Wie im Kintopp! ... Er stammelte: «Ich habe dich geliebt. Ich liebe dich immer noch, aber sieh doch ...»

Talâ erklärte: «Du musst doch dein innerstes Wesen nicht verändern, es genügt doch, wenn du nach außen hin so tust, so wie ich. Guck mich doch mal an!»

Und mit einer Handbewegung zeigte sie auf ihr Kopftuch und ihren langen Mantel. Kerâmat versuchte, sie zu überzeugen: «Schließlich haben sich die Zeiten geändert.»

Talâ hob die Stimme: «Lass dir doch nicht so einen hoh-
len, platten Quatsch einreden! Unsere Zeit ist unsere Zeit.
Das wirst du noch früh genug kapieren! ... Wieso hast du
dies Theater bloß ernst genommen? Was gehen mich übrigens die Zeiten an? Hast du dich wirklich verändert? ... Das
kann ich mir gar nicht vorstellen!» Sie streckte die Hand aus,
um Kerâmat am Kragen zu packen, und schrie: «Sag mal,
sag mal ehrlich, zum wievielten Mal änderst du dich grade?»

Sie zitterte. Die Tränen rollten ihr hinter der Brillenfas-
sung bis zu den Lippen hinunter. Gleichzeitig holte sie ihre
Handtasche unterm Arm hervor, öffnete sie und zog ein
Scheckbuch heraus. Sie wedelte damit in der Luft herum und
sagte: «Ich kaufe dich. Ich bin deine Kundin. Na, nu sag
schon! ... Sag nur, wie viel?»

Kerâmat presste die Lippen zusammen und bog den Oberkörper zurück. Die Adern in seinem Nacken schwollen an.
Er befreite seinen Kragen aus ihrem Griff und herrschte sie
an: «Jetzt reicht's! Jetzt bin ich derjenige, der dich kauft; das
heißt, wenn ich überhaupt will.»

Talâ lachte verächtlich über die Provokation und äffte ihn
nach: «Wenn ich überhaupt will.»

Und dann setzte sie hinzu: «Wenn du doch wüsstest, was
du überhaupt vom Leben willst.»

Kerâmat nickte mit dem Kopf, um zu zeigen, dass die Dis-
kussion beendet war, und sagte: «Das weiß ich.»

Talâ entgegnete: «Jetzt schwärmst du für die hier. Glaubst
du wirklich, die sind besser als die von vorher? Das sind doch
alles dieselben Ärsche.»

Kerâmat funkelte sie an und schleuderte ihr ins Gesicht:
«Wenn jemand anders als du das gesagt hätte, würde ich ihm
die Fresse ...»

Talâ tupfte sich mit dem Taschentuch einen Tropfen von
der Nase. Sie lächelte ironisch und zuckte mit den Schultern:
«Jetzt bin ich sicher, dass du dich nicht geändert hast. Du

benimmst dich immer noch genauso wie früher. Ich werde auf dich warten.»

Es hatte keinen Sinn, das abzustreiten. Dieser Frau konnte man nichts vormachen. Wenn er ihr nicht sagte, was ihn bewegte, wem sollte er es dann sagen? Einen Augenblick blitzte ein flüchtiger Funke in seinem Herzen auf. Ein Schmerz breitete sich in ihm aus und stieg aus seinem Brustkorb auf; er schnürte ihm die Kehle zu. Mit heiserer Stimme sagte er: «Nein, ich bin immer noch derselbe. Während dieser ganzen fünfzig Jahre hab ich mich immer bloß ficken lassen, von denen damals, und jetzt von denen hier auch, mich kriegen alle immer am Arsch.»

Talâ wandte sich ab, sie zögerte einen Moment, beinahe hätte sie sich wieder zu ihm umgedreht. Aber mitten in der Bewegung hielt sie inne, sie formte sogar mit den Lippen Worte, die sie jedoch nicht aussprach. Sie schüttelte heftig den Kopf, um einen Gedanken zu verscheuchen, und dann ging sie mit großen Schritten fort ...

Wie ein Schuljunge war er hinter ihr hergelaufen. Die Frauen waren stehen geblieben. Die Dünnmänner in ihren feinen, feierlichen Anzügen hatten zu ihnen herübergeblickt. Kerâmats Abgang hatte in jenen Nächten jedes Mal das Ende der Party bedeutet.

Am Nachmittag wurde Kerâmats Laune von Minute zu Minute schlechter. Als der Abend kam, fühlte er sich wie zerschlagen. Er konnte sich nicht mehr konzentrieren. Er stützte das Kinn auf die Faust und starrte die Wand an. Die Frau hatte ihn fertiggemacht.

Er rief Asis, den «Sperber», an, und der schickte ihm eine Flasche Arak. Seit Monaten kam ihm zum ersten Mal wieder Schnaps über die Lippen. Ohne irgendwelches Drum und Dran. Noch im Flur entkorkte er die Flasche mit den Zähnen, und als er im Zimmer ankam, hatte er sie schon halb ausgetrunken. Als er sich auf den Stuhl sinken ließ, hatte er den Rest hinuntergekippt. Nach Monaten holte er einmal wieder das Bild von Talâ aus der Schublade und stellte es vor sich auf. Kurz danach legte er beschwipst, benommen und schläfrig seine Stirn auf die Unterarme.

… Talâ, ein geblümter Gebetsschleier, der ihr auf die Schultern gerutscht war, ein weißes Kopftuch und ihr Gesicht, das glänzte wie Sonnenschein. Er selbst hatte einen schwarzen Hut auf, ein Mantel hing ihm über der Schulter, und er trug ein großes Bündel Weintrauben unter dem Arm. Das Schlurfen der Schuhe mit heruntergetretenen Kappen beim Aufbruch zu einer Pilgerfahrt. Zwei, drei weiße Zicklein um sie herum. Schwarze Wimpel flatterten dort im Wind, und die beiden entschwanden den Blicken nach und nach hinter Rautenrauchkringeln …

Im Morgengrauen wachte er auf. Talâ schaute ihn unverändert mit umflorten Augen, wirren, lockigen Haaren, einem dicken Schönheitsfleck und sinnlichen, halb geöffneten, roten Lippen aus dem Bilderrahmen heraus an.

Er legte sich das Foto auf die Brust und streckte sich auf dem Teppich aus.

Er war für ein, zwei Monate in die Türkei gefahren; sowohl aus geschäftlichen Gründen als auch, um sich dort umzuschauen. Und bis er Talâ endgültig vergessen hätte, hatte er die Welt mit all ihrem Gewese auf die leichte Schulter nehmen und wieder die Überzeugung gewinnen wollen, dass Himmel und Erde sowie alles, was dazwischen war, ihm zu Gebote stand, und damals war es auch geschehen, dass seine Männlichkeit plötzlich aufflackerte. In der Türkei zog er nachts mit Scharen von Frauen umher und weidete sich an ihrem Anblick. Er betrachtete das weibliche Geschlecht als bloßes Werkzeug für die Fleischeslust, als etwas, mit dessen Hilfe sich die Männer davon frei machen konnten. Und sie waren überall, nicht nur, wenn er wach war, auch wenn er schlief. In der illusorischen, chaotischen Welt der Träume waren nur die Frauen wirklich, er schob eine nach der anderen beiseite, die riesige Vagina eines Weibes erwartete ihn am Ende des Weges.

«Auf zum ‹Spionennest›!» 173

Von einem Ende der Stadt bis zum anderen hörte Kerâmat diese Parole aus aller Munde, sobald er den Fuß am Flughafen von Tehrun auf den Boden gesetzt hatte.

Es war ein Karneval, ein öffentliches Ereignis; alle Leute aus der Stadt strömten zur amerikanischen Botschaft, Tag für Tag zogen sie dorthin. Manche nahmen Picknickkörbe mit dorthin oder ihr Essen, und wieder einmal brodelte die Atmosphäre in der Stadt vor heftiger Erregung.

Jetzt nahmen Provinzler die Plätze hinterm Mikrofon und am Regiepult ein, um Pressekonferenzen zu geben. Zuerst hatten sie noch Lampenfieber, aber dann bekamen sie nach und nach Routine. Sie tönten: «Jetzt haben wir das Sagen!» Ihre Gesichter waren unrasiert, ihre Hemden zerknittert, ihre Haare fettig. So sahen sie für gewöhnlich aus.

Es verging kein Tag, an dem Kerâmat nicht schon früh am Morgen auf Stippvisite zur Botschaft ging, auch er war von der allgemeinen Erregung ergriffen worden. Doch in diesem Faschingszug gab es eine hervorstechende Figur: Mutter Fachri!

Sie hatte ihr Hauptwirkungsfeld jetzt von der Universität zum Spionennest verlegt und sich mit ihrem großen Suppentopf einen solchen Namen gemacht, dass sie Journalisten aus aller Welt zu dem Ort vor der amerikanischen Botschaft lockte. Alle kamen, um Mutter Fachri zu sehen, wie sie mit

Selbstdisziplin und Ausdauer mit ihrem Holzlöffel die Suppe in dem großen Topf umrührte und aus den Augenwinkeln die wogende Menge beobachtete. Ohne sie und ihren Suppenkessel hätte dem Kampf gegen den Imperialismus etwas gefehlt – etwas Wichtiges.

Manche sprachen von einem Wunder. Wie könnte selbst der größte Suppentopf der Welt ein ausreichendes Fassungsvermögen haben, um tagtäglich eine millionenfache Menschenmenge satt zu machen? Niemand konnte beim Spionennest auftauchen und nichts von ihrer Suppe abbekommen. Andere redeten von einem speziellen Gewürz, aus der Leber eines Märchenvogels. Einige behaupteten, das Geheimnis des Wohlgeschmacks dieser Suppe bestünde in einer Essenz, die aus dem Tau der Rosen von Nischapur gewonnen werde. Wieder andere vertraten die Ansicht, die Essenz werde mit einer seltenen Frucht zubereitet, der Frucht von einem Gewächs aus der Wüste. Das Gerücht lief um, dies Elixier habe sie von einer Reise in die brennende Wüste von Saudi-Arabien mitgebracht, als sie die Ka'aba in Mekka mit einer Pilgerfahrt beehrt habe. Man munkelte, wenn man einen Tropfen davon in die Suppe täte, würden die Menschen süchtig danach; täte man auch nur einen Spritzer davon in einen Krug Wasser, so würde jeder, der davon nippte, sich verlieben, gäbe man gar einen Schuss davon in eine Tasse Kaffee, so würde jedweder, der ihn tränke, den Verstand verlieren, und in Tehrun waren alle in den Wahnsinn verliebt.

Überall roch es nach dieser Suppe, Kerâmat ließ sich, gestützt auf einen Baum, der in einem Wassergraben am Straßenrand wuchs, von Fachri eine Schüssel geben und, während er sie genüsslich auslöffelte und die Hülsenfrüchte darin zerkaute, lauschte er, wie Fachri ihm ihr Herz ausschüttete, bis sie ihm eines Tages zu guter Letzt von ihrem Sohn erzählte.

«Mit meinem Herzblut habe ich ihn großgezogen!»

Sie seufzte voller Bitterkeit und Kummer, sodass Kerâmat fragte: «Und der Vater?»

«Als ich einen dicken Bauch bekam, hat er mich sitzen lassen und ist abgehauen.»

Und damit Kerâmat ihre Tränen nicht sähe, drehte sie ihm den Rücken zu und hantierte mit der Gewürzkanne. Kerâmat blieb einen Moment unbeweglich stehen, dann antwortete er: «So ein Arschloch!»

Mit einem Ruck wandte Fachri sich zu ihm um: «Sag das nicht! ... Ich hab nie im Leben jemand so geliebt wie ihn, seine Stimme hat mich ganz kribblig gemacht, ich war verrückt nach seinem Geruch ... Ich denke immer noch, dass er irgendwann zurückkommt, wenn schon nicht wegen mir, dann wenigstens wegen seinem Sohn.»

Kerâmat entgegnete: «Aber er ist doch ein Schuft, er hat dich im Stich gelassen, oder?»

Fachri seufzte wieder und antwortete: «Weiß ich nicht, vielleicht hat er ja Angst gekriegt ... Vor meiner Schwangerschaft Angst gekriegt.»

Kerâmat erwiderte: «Na und? Du hättest ihn am Kragen packen müssen und ihm sagen: ‹Du Feigling, dieses Baby ist auch dein Kind.›»

«Ich? Woher hätte ich den Mumm haben sollen?»

Kerâmat sagte voller Mitleid: «Sag mal, dein armer Bruder, konnte der sich hinterher überhaupt noch im Viertel sehen lassen?»

«Woher sollte ich denn einen Bruder haben, Âgh Kerâmat?»

«In deiner Familie muss es doch irgendeinen Mann gegeben haben, um diesem Mistkerl Bescheid zu sagen.»

Aufgebracht protestierte Fachri: «Âgh Kerâmat!»

Kerâmat brummelte eine Verwünschung in seinen Bart, senkte den Kopf und verstummte. Fachri ergriff wieder das Wort: «Ich war doch auch noch ein Küken; es waren erst dreizehn Jahre von dem Leben um, das Gott mir gegeben hat.»

Kerâmat forschte: «Und was war mit deinem Vater und deiner Mutter? Und deine Verwandten? Haben die denn bloß die Hände in den Schoß gelegt und zugeguckt?»

Fachri lachte verlegen: «Nein! … Die haben mich aus dem Haus gejagt.»

Das Blut stockte Kerâmat in den Adern. Wütend spuckte er auf den Boden. Aber das reichte ihm nicht. Er hielt die geballte Faust einen Moment hoch, und dann boxte er damit schließlich hilflos gegen einen Baum; die Spatzen flogen erschreckt auf, das noch verbliebene Herbstlaub rieselte herunter.

«Und wie hast du das arme, unschuldige Gör großgezogen?»

Fachri schüttelte die Kelle in der Luft und wiederholte nachdrücklich: «Hab ich doch gesagt, mit meinem Herzblut! Mir ging's dreckig! Ich habe als Putzfrau im Café Mardschân gearbeitet und gesungen.»

Zweiundzwanzig Stufen von einer Treppe aus Ziegelsteinen war Kerâmat immer hinuntergegangen, zweiundzwanzig aus Ziegeln gemauerte Stufen führten Kerâmat hinab zu einem großen Raum, der weder Fenster besaß, durch die Licht hereinkam, noch eine Belüftungsanlage. Eine Örtlichkeit voller Zigarettenrauch mit unscharfen Flecken roten Lichts an den Wänden, erfüllt vom Klappern der Schnapsgläser und dem Prosten einsamer Männer! Das war das Café Mardschân, eine gemütliche, billige Kneipe. An welchem Abend in seiner Jugend war er wohl nicht diese zweiundzwanzig Ziegelstufen hinabgestiegen?

Plötzlich machte er einen Schritt auf die Frau zu. Er fragte: «Sag mal, bist du etwa Fattâne?»

Sie wandte das Gesicht ab, und die Tränen rollten ihr die Wangen hinunter. Kerâmat meinte: «Wie ich dich geliebt habe … Aber sie haben mir immer gesagt, dass du von keinem Mann was wissen wolltest … Ich habe ihnen gesagt, ihr Knallköpfe, ich bin schließlich nicht wie die andern …»

Dann fiel ihm ihr Sohn ein, ein drei bis vier Jahre alter Junge, der zwischen den Männern herumgewuselt war, niedliches Zeug gebrabbelt hatte, am Ende der Nacht auf allen vieren die Stufen zur Bühne hinaufgekrabbelt war und sich mit den Fäusten am Satinrocksaum seiner Mutter festgekrallt hatte.

Kerâmat erinnerte sich: «Da waren allesamt scharf auf dich.»

Fachri wischte sich die Augen und lächelte bitter: «Die waren alle so alt, dass sie mein Vater hätten sein können, aber mir kamen sie trotzdem vor wie meine Kinder … Ich goss ihnen die Schnapsgläser voll und hörte ihnen zu, wenn sie sich ausweinten, aber geschlafen habe ich nicht mit denen. Die suchten eine, die sie tröstete und streichelte, suchten eine, die …»

Kerâmat unterbrach sie: «Ich erinnere mich. Du hast ihnen immer gesagt: ‹So, jetzt steht auf und geht nach Hause, es fängt schon an, hell zu werden. Eure armen Frauen quälen sich jetzt schon lange genug … ›»

Fachris Miene verfinsterte sich, und sie nickte zum Zeichen des Einverständnisses: «Bis schließlich Hosseyn Chânum auftauchte …»

Kerâmat antwortete: «Den Rest weiß ich selber, aber sag mir doch, was aus Hosseyn Chânum geworden ist.»

Fachri nickte seufzend mit dem Kopf: «Er ist nicht mehr von dieser Welt. Er ist nach Kurdistan gegangen und gefallen; es ist erst vier, fünf Monate her.»

Kerâmat fragte: «Und wo ist dein Sohn jetzt? Und was macht er?»

«Früher hat er im Krankenhaus gearbeitet; geputzt hat er. Aber dabei hat er alles gelernt, was die Ärzte so machen, Spritzen geben, Fieber messen, Urinproben von den Kranken nehmen …, alles. Sodass die andern ihn nachher immer ‹Doktor› genannt haben. Aber als die Revolution kam, ist er da weggegangen. Ich habe ihm umsonst zugeredet, er soll bleiben. Jetzt ist er Fahrer bei einem von diesen revolutionären ‹Brüdern› … Ich sage ihm immer, was ist das bloß für eine Arbeit?»

«Das hat er richtig gemacht, dass er aus dem Krankenhaus weg ist. Ich kann was für ihn tun, sag ihm, er soll sich bei mir melden, ich besorge ihm eine gute Arbeit. Wie heißt er doch gleich?»

Plötzlich ging ein Strahlen über Fachris Gesicht. Als ob sie ein Stück Zucker im Mund hätte. Sie antwortete: «Fattâh.»

Da stand er nun auf dem Bürgersteig, vor der Hauptfleischerei des Viertels. Darin hielt sich ihr Inhaber besonders gerne auf. Selbst wenn er früh am Morgen als Erstes die Nase in den Juwelierladen steckte, den Rest des Tages pflegte er in ebendieser Fleischerei zu verbringen.

Bevor er einen Fuß in den Laden setzte, blieb er gewöhnlich eine Weile auf dem Gehweg stehen und nahm die enge Gasse in Augenschein, die Frauen mit ihrem Einkaufskorb in der Hand und den Plastikschlappen an den Füßen, die rotznasigen Kinder, die auf einem Stück trocken Brot herumkauten, die Autos, die Fahrräder und die umliegenden Geschäfte. Manchmal wurde die Ecke einer Gardine im Obergeschoss beiseitegezogen, oder hinter einer Dachluke verbarg sich, sobald Kerâmat nach oben schaute, hastig eine Frau.

In den Fenstern tauchten nach und nach viele Augen auf, in den Dachluken desgleichen. Alle waren voller Erwartung. Dann bewegte Kerâmat seinen massigen Körper. Er tat einen Schritt nach vorn, und auf der Schwelle zum Laden bemängelte er plötzlich etwas mit lauter Stimme. Alle erstarrten sofort vor Schreck. Die quirlige Gasse, die von der Hektik der Menschen, dem Hupen der Autos und dem Geschrei der Kinder widerhallte, hielt den Atem an. Alle drehten sich um und sahen den Motorradfahrer, der sich hupend und unbesonnen mit knatterndem Motorengeräusch durch die Straße drängte, vorwurfsvoll an; ein bedeutendes Ereignis lag in der Luft. Das eisige Schweigen und die Starre der Menschen erhöhten die Spannung noch. Niemand wollte etwas Böses annehmen, aber man konnte ja schließlich nie wissen. Die Ladeninhaber hielten sämtlich inne, traten auf die Schwelle ihrer Geschäfte und hielten die Hand über die Augen, um zu der Fleischerei zu spähen. Die Unruhe und die Erwartung, die wie etwas Physisches im Raum lagen, waren überall deutlich zu spüren.

Die Angestellten der Fleischerei hatten vom frühen Morgen an geschuftet, um zu vermeiden, dass Kerâmat sie sich zur Brust nähme. Sie hatten, angefangen von der Theke, dem Kühlschrank und der Waage bis hin zu den Scheiben und dem Fußboden, alles so gewienert, dass es wie ein Spiegel glänzte, aber es gab immer etwas auszusetzen, irgendetwas, sodass Kerâmat schließlich losbrüllte und die Scheiben vom einen Ende der Fleischerei bis zum anderen ebenso wie die Herzen der Frauen samt und sonders vor Zittern und Zagen erbeben ließ.

Immer war irgendeine Stelle nicht sauber, war ein bisschen wässriges Blut aus dem Fleisch auf die weißen Fliesen getropft, war der Fingerabdruck von einem unvorsichtigen Menschen am Rand des Tresens zu sehen, der verwischte Schatten eines schmutzigen Fußabdrucks auf dem Boden des Ladens oder … Die Angestellten hatten sich abgerackert, aber immer war irgendwo ein Schmutzfleck.

Kerâmat bewegte sich, die Hände in den Taschen, langsam auf die Fleischerei zu. Schritt für Schritt ging er, während niemand zu atmen wagte, hinter die Theke. Mit zusammengepressten Lippen und gesenkten Lidern ließ er das Fleischerbeil auf dem Holztisch kreisen. Die Blitze, die dessen Klinge plötzlich aussandte, blendeten die Augen. Die Gesichtsmuskeln der Frauen zuckten, der angehaltene Atem drückte ihnen auf die Brust. Ihnen wurde eiskalt ums Herz, und wie Schlieren legte sich die Angst Schicht um Schicht auf alles. Kerâmat fuhr, so breitbeinig, wie er dort stand, eine Weile mit dem Spiel fort, die Klinge des Fleischerbeils auf dem Tresen herumzudrehen. Überall trat Totenstille ein.

Die Angestellten hielten die Hände ängstlich hinter dem Kopf versteckt. Die Frauen zogen sich aus Furcht, erkannt zu werden, den Tschâdor noch mehr ins Gesicht. Die Kanarienvögel in ihren Käfigen schwiegen wie betäubt, und sogar die Katze des Lebensmittelhändlers von nebenan, die immer vor der Fleischerei herumstreunte, verschwand mit einem Mal. Als ob eine Katastrophe unmittelbar bevorstünde. Das dauerte so lange, bis Kerâmat aufblickte; und dann zuckte ein anderer Blitz durch die Luft. Aufgeladen mit seiner betonten Männlichkeit, und diesmal zufällig, ohne furchterregend zu sein. Ja, es lag sogar etwas Schützendes, Warmes darin.

Die Frauen holten Atem, und in der Fleischerei grüßte man ihn von allen Seiten, angefangen von den Angestellten bis hin zu den Kundinnen, voll Scheu und Ehrfurcht. Kerâmat ließ mit einem heftigen Ruck seine dicken Nackenmuskeln spielen und antwortete darauf halblaut mit verzogenem Mund, Schnurrbart und Augenbrauen. Und so nahm die Angelegenheit denn ein gutes Ende.

Manchmal geschah dergleichen auch, wenn er eine mittellose Frau draußen vor der Fleischerei sah; dann schob er seinen schweren Körper zwischen den Frauen hindurch, nachdem er ihnen ein warnendes «yâ Allah, yâ Allah*» zugerufen

---

* Damit sie ihm aus dem Weg gehen und einen «sündigen» Körperkontakt vermeiden konnten.

hatte, ging zur Tür des Kühlschranks, holte ein Stück schieres Fleisch heraus, wickelte es in Zeitungspapier und händigte es der Frau aus. Kurze Zeit danach eröffnete er einen modernen Obstladen. Gleichzeitig drängten ihn seine Kumpel, er solle sein Augenmerk auch auf Autos richten. Den Plan zur Eröffnung der größten Tschelou-Kebâb-Gaststätte der Welt verfolgte er nicht mehr weiter. In letzter Zeit hatte er dagegen einen Luxus-Supermarkt eröffnet, so einen mit vierrädrigen Einkaufswagen, die die Kunden zwischen Regalen hindurchschoben und mit Büchsen, Flaschen und Paketen füllten, aber seine große Liebe galt nach wie vor dieser Fleischerei.

«Âgh Kerâmat, sind Sie es?»

Kerâmat zog eine Augenbraue hoch, strich sich mit der Hand über den dichten Schnurrbart und riss die Augen auf. Ihm gegenüber stand eine Frau in mittlerem Alter, die gebrechlich aussah. Er legte die Hand an die Brust, beugte sich unwillkürlich vor und sagte: «Stehe zu Diensten! Was kann ich für Sie tun?»

Die Frau sah sich um und seufzte aus einem unerfindlichen Grunde plötzlich, dann fragte sie halblaut: «Kann ich Sie wo sprechen, wo weniger los ist?»

«Heißt das, meine Wenigkeit soll die Kunden hier alle wegschicken?»

Sie lächelte verschämt. In ihrem Blick lag etwas, was es sogar Leuten wie Kerâmat schwer machte, ihr zu widersprechen. Sie war nicht einfach eine Frau; sie war eine Mutter.

Er steckte seine Gebetskette in die Tasche und nickte ein-, zweimal, dann forderte er sie auf: «Folgen Sie mir!»

Hinten in einer Ecke des Ladens hob er den Vorhang hoch, und die zwei gingen hindurch, aber bis sich ihre Augen an die Dunkelheit gewöhnt hatten, blieben sie beide unbeweglich an der Schwelle zum Lagerraum stehen.

Eine Katze, die in dem Winkel etwas aus einem Blechnapf

fraß, kroch hervor, als sie Kerâmat sah, und rieb ihre Flanke an seinem Hosenbein. Allüberall an den Wänden hingen Kleidungsstücke. Ein Messinghahn an einem großen Fass, das darunter stand, tropfte. Kerâmat zog einen Schemel in die Mitte des Raums und bot ihn ihr an: «Bitte nehmen Sie Platz, Mütterchen!»

Sie lehnte ab: «Nein, ich stehe gut so.»

Er holte seine Gebetskette aus der Tasche und machte eine Handbewegung, die bedeuten sollte, dass er nun wieder be-

reit war, ihr zuzuhören.

Sie kam sogleich zur Sache: «Lassen Sie meinen Sohn frei, lassen Sie ihn in Ruhe.»

Mit einer dramatischen Geste warf Kerâmat plötzlich den Oberkörper zurück; er wurde nicht schlau aus dem, was die Frau gesagt hatte. Sie erklärte es ihm: «Ihre Leute haben meinen Sohn gestern beim Abendbrot vom Tisch weg verhaftet und abgeführt, egal wie sehr ich gebeten und gebettelt habe ...»

Kerâmat machte eine Bewegung, er hatte begriffen, was los war. Nachdem er den Blick die ganze Zeit auf den Boden des Lagerraums gerichtet hatte, hob er nun auf einmal den Kopf, um sich die Besitzerin dieser flehenden Stimme eingehend anzusehen. Sie sagte: «Ich habe dieses Kind ohne Vater großgezogen, jetzt ist er unser Ernährer, ich habe nur ihn.»

Kerâmat fragte: «Warum hast du zugelassen, dass dein Kind auf Abwege gerät?»

Dann hob er die Stimme und wiederholte zur Bekräftigung lauter: «Warum?»

Eingeschüchtert durch Kerâmats Organ, erstarb das Stimmengewirr hinter dem Vorhang mit einem Mal. Überrascht schaute die Frau nur noch auf den Boden des Lagerraums. Kerâmat ging einen Schritt auf sie zu und sagte ihr ruhig und tröstend: «Auf die jungen Leute muss man aufpassen, Mütterlein! Das verstehen Sie doch?»

Auch wenn sie jetzt den Mut gehabt hätte, ihm zu antworten, zog sie es doch vor zu schweigen. Sie starrte Kerâmat nur, ohne mit der Wimper zu zucken, lange an. Dieser wandte sein Gesicht ab. Die Muskeln in ihrem Gesicht zuckten. Sie war nicht bloß eine Frau, sondern eine Mutter und eine der Persönlichkeiten, denen gegenüber er alles Bedrohliche zu verlieren pflegte; er sagte: «Deck den Mittagstisch, stell auch das Essen schon hin, aber fang noch nicht an, damit du es mit deinem Sohn zusammen genießen kannst.»

Dann hob er den Vorhang hoch, drehte der Frau den Rücken zu und sagte ihr: «Leben Sie wohl!»

Sie konnte gar nicht glauben, dass sich die Angelegenheit so schnell erledigt hatte, und fragte: «Kann ich mich auf Ihr Wort verlassen?»

Kerâmat führte die Hand zum Schnurrbart, um sich ein Haar auszureißen, wickelte es in ein Taschentuch, hielt ihr dieses hin* und wiederholte: «Leben Sie wohl!»

Sie nahm das Taschentuch, ging verwirrt aus dem Lagerraum hinaus und entfernte sich von den wild durcheinanderredenden Frauen in der Fleischerei.

Damals, als Mossaddegh in den Sack gehauen hatte, hatten sich alle seine Anhänger und die Kommunisten in ihren Mauselöchern verkrochen. Kerâmat und seine Jungs hatten sie gejagt und an die Polizei des Schahs verkauft. Ein-, zweimal war die Sache auch anders gelaufen, das heißt, die Verwandten und Bekannten der festgenommenen Person waren schneller gewesen und hatten den Betreffenden vor seiner Auslieferung an die Polizei mit einem üppigeren Lösegeld freigekauft; indessen existierten dafür keine festen Tarife; und das ließ Kerâmat keine Ruhe. Mitunter kam es vor, dass sie ihn fragten: «Wieso hast du den Betrag schon wieder angehoben?»

---

* Traditionelle Gebärde zur Bekräftigung eines feierlichen Versprechens.

Und dann antwortete er gequält: «Schließlich ist der hier nicht wie alle anderen; das ist ein ganz dicker Fisch; jeder hat seinen eigenen Preis.»

Der Verhandlungspartner am anderen Ende der Leitung versuchte zu feilschen. Kerâmat wurde laut: «Nein, ich bin Ihr ergebenster Diener, aber das deckt nicht mal die Unkosten ... Schließlich hat uns das einige Mühe gekostet ... Unsereiner arbeitet doch auch nicht umsonst, klar?»

Blitzschnell sauste Kerâmat zum Haus von Hassan, dem «Kreisel». Dort hatten sie eine Art provisorisches Gefängnis eingerichtet. Und Kerâmat befahl, den Betreffenden sofort bereit zu machen.

Obwohl schon einige Zeit vergangen war, hatte der Mann immer noch, mittlerweile getrocknete, Blutflecken im Gesicht. Kerâmat forderte Hassan, den «Kreisel», auf: «Schick ihn ins Bad, er soll sich die Fresse waschen.»

Hassan, «der Kreisel», wollte ihn ins Bad bringen, aber Kerâmat sagte ihm: «Bleib du mal hier, mit dir habe ich noch ein Hühnchen zu rupfen.»

Und Kerâmat sah Hassan, den «Kreisel», feindselig an. Dann fragte er ihn: «Warum hast du dies wehrlose Menschenkind so übel zugerichtet?»

Hassan, «der Kreisel», wandte ihm das Gesicht zu und erklärte: «Die müssen schließlich erst eine Tracht Prügel kriegen, damit sie sich anständig benehmen.»

Kerâmat erwiderte salbungsvoll: «Aber dieser Unglückselige muss für jemand sorgen, er hat eine alte Mutter.»

Hassan, «der Kreisel», wandte ein: «Aber das ist doch bei allen so, Âgh Kerâmat. Hat die andern denn etwa der Esel im Galopp verloren?»

Diesmal sah Kerâmat richtig wütend aus, und Hassan, «der Kreisel», kannte diesen Blick. Er kniff den Schwanz ein und hielt den Mund. Der Mann kam ins Zimmer zurück.

Wasser tropfte ihm vom Kopf und aus dem Gesicht. Kerâmat holte sein Taschentuch heraus und hielt es ihm hin. Der junge Mann schüttelte abweisend den Kopf.

Kerâmat wies mit einer Handbewegung auf einen Stuhl und forderte ihn auf: «Setz dich!»

Der Mann kam zögernd ein, zwei Schritte näher, blieb aber dennoch stehen. Jetzt hielt er das Gesicht genau in den Lichtschein, der durch das kleine Fenster hereinfiel. Kerâmat sagte, als spräche er zu sich selbst: «Du siehst ganz schön mitgenommen aus, du armes Würstchen.»

Als er das hörte, hob der junge Mann den Kopf und sah Kerâmat an. An der Stelle, wo das rechte Auge hätte sein sollen, war nur eine große, lila Schwellung. Hassan, «der Kreisel», der, ganz Auge und Ohr, in einer Ecke des Zimmers stand und sowohl Kerâmat als auch den jungen Mann nicht aus den Augen ließ, verteidigte sich: «Na und? Wer nicht hören will, muss fühlen!»

Kerâmat sah ihn einen Moment aus dem Augenwinkel zornig an und fluchte: «Hassan, du verdammte Arschgeige! … Habt ihr ihm irgendwas zu essen gegeben?»

«Er will nichts! … Und er lässt nicht mit sich reden!»

Kerâmat sah den jungen Mann an und wiederholte: «Setz dich!»

Hassan, «der Kreisel», fragte: «Soll ich ihm was zu essen holen?»

Kerâmat antwortete: «Jetzt doch nicht mehr! …»

Und dann fügte er an den jungen Mann gewandt hinzu: «Sperr die Ohren auf, mein Junge! Ich möchte dir einen Rat geben. Hörst du zu?»

Der junge Mann lachte spöttisch: «Du? Du willst mir einen Rat geben?»

Und er spuckte auf den Boden. Kerâmat tat so, als ob er das nicht bemerkt hätte, und dann äußerte er: «Um Gottes Barmherzigkeit willen!», das Gesicht zu Hassan, dem

«Kreisel», gewandt, «Du setzt ihn jetzt hinten auf dein Motorrad, bringst ihn nach Hause, lieferst ihn bei seiner Mama ab und kommst hierher zurück.»

Dann sah er wieder den jungen Mann an und sagte: «Und richte deiner Mutter aus, sie soll für uns beten!»

Gegen Mittag, wenn sein Imponiergehabe in den Herzen der Menschen sowohl Ehrfurcht als auch Hass erweckt hatte, pflegte er aus der Fleischerei herauszukommen und sich auf Abwege zu begeben, zum Hause einer seiner Geliebten.

Wenn er in der Bleibe jener Glücklichen ankam, war dort stets, so als wäre er ein sehnsüchtig erwarteter Gast, eine üppige Tafel gedeckt, und überall im Haus lag ein Geruch nach Safran, Kebâb und Choresch in der Luft.

Wenn er dort eintraf, verdrückte sich die Katze, den Bauch auf den Boden gepresst, zwischen den Gartensträuchern, die Tauben flogen auf, und die Küchenschaben verharrten, falls sie gerade dort herumgekrabbelt waren, regungslos an der Wand. Hechelnd pflegte er seinen Kopf im Hof unter den Wasserhahn zu halten. Aber das löschte sein Feuer nicht. Er liebte den Sommer. Für ihn bedeutete der Sommer den animalischen Geruch der Frauen, den Geruch nass geschwitzter Leisten, den Geruch von herb schmeckenden Mündern und halb geöffneten Lippen, den Geruch von Schweißtropfen, die an alabasterfarbenen Kehlen hinunterrinnen.

Halb nackt und keuchend setzte er sich zu Tisch. Er pflegte ein, zwei große Platten Hühnchenfleisch zu verdrücken, schlürfte ein bis zwei Schalen Choresch und trank eine Flasche Pepsi nach der anderen. Die Suppe verschlang er jeweils kochend heiß, so als wäre sein Mund innen mit einer Isolierschicht gefüttert. Während er sich Kinn und Lippen mit einer Serviette abwischte, rülpste er, kniff die Frau in die Weichteile unterhalb des Nabels und sagte ein paar Worte, um mit ihr zu scherzen.

Ihm war immer heiß, und er hatte diese Hitze gern. Diese Hitze war es, die alle Düfte, die er liebte, zum Leben erweckte und ihn in einem Zustand ständigen schlüpfrigen Verlangens, einer dauernden, ruhelosen Brunft hielt.

Wenn er so viel gegessen hatte, dass er nicht mehr konnte, goss er sich Wasser aus einer Kanne über die Pranken. Er steckte einen Finger in den Mund und pulte sich die Fleischfasern zwischen den Zähnen heraus. Dann legte er sich die Hände auf den Bauch und strich damit über der Gegend um den Nabel herum, als ob er die Teigreste auf dem Boden eines großen Topfes zusammenkratzte. Mit einem Knall erleichterte er seinen Darm und mit einem weiteren Knall seinen Magen, und dort direkt neben dem Tuch, von dem sie gegessen hatten, legte er sich die Frau wie ein Küken auf die Brust. Dann drückte sie ihren Erdbeermund gegen seine Kehle, kniff mit den Zähnen die Muskeln an seinen Schultern und seinen Oberarmen und leckte mit der Zunge die geschwollenen Adern an seinem Hals. Kurz danach schielte Kerâmat an die Zimmerdecke, und der Atem kam ihm stoßweise zwischen seinen dicken Kamellippen aus den Mundwinkeln hervor. Er röchelte, als kostete es ihn das Leben.

Sie gingen ins Nebenzimmer, dort war die Bettwäsche schon ausgebreitet, und eine Schüssel mit Eiswasser stand bereit. Kerâmat holte sein Glied immer, kurz bevor er kam, heraus, tauchte es ins Eiswasser, hielt es einen Moment hinein und nahm dann seine Tätigkeit wieder auf.

Die Frau ermüdete immer zuerst. Dann stieß sie die Schüssel mit dem Eiswasser mit den Fingern oder mit dem Fuß um, und Kerâmat gönnte ihnen beiden, sowohl sich selbst als auch der Frau, endlich Ruhe. Einen Moment danach schlief er, auf ihr liegend, noch bevor er sich zur Seite gewälzt hatte, ein.

Wie er das genoss! Sobald er die Augen schloss, träumte er immer von einer Quelle. Die Quelle sprudelte, und eine

ertrunkene Frau in einem phosphoreszierenden Schein
wink-te ihn mit dem Zeigefinger zu sich heran. Kerâmat
kroch wie ein Baby auf allen vieren mit hängender Zunge zu
ihr hin. Die Frau streckte die Hand aus, riss sich den
Schmuck, den sie um den Hals trug, egal, was es war, ab und
drückte ihn ihm in die Hand. Dann glänzten Kerâmats
Augen, und aus den Mundwinkeln troff ihm der Speichel.
Träume und Wachen verbanden sich zu einer Folge von Bildern.

Für ihn war immer Sommer. Eine andere Jahreszeit kannte
er nicht. Im Winter hackte er das Eis auf und tauchte ins
Wasserbecken im Hof. Innen glühte sein Körper stets wie
ein Ofen, und der herbe Geruch nass geschwitzter Muskeln
hüllte seinen Leib wie eine Wolke ein. Seine Pupillen funkel-
ten vom Feuer dieser Glut, der Glut, die ständig in ihm fla-
ckerte und aufblitzte, und diese Blitze waren so real, dass
man sie durch die Luft zucken sah.

Seine blitzenden Augen, seine kräftige Gestalt und seine
raue Stimme waren sein großes Kapital; und er hatte viele
Interessentinnen dafür. Billig war er nicht zu haben. Er
presste seine Geliebten bis zum letzten Tropfen aus, dann
ließ er sie fallen. Danach kam die Nächste dran. Aber nicht
so Talâ, mit Talâ war es anders.

10

Vier Uhr nachmittags

Es kam nur selten vor, dass Kerâmat ohne Leibwächter und
Fahrer auf die Straße ging. In solchen Fällen trug er eine
Sonnenbrille, setzte einen Hut auf, klappte den Kragen sei-
ner Jacke hoch und stieg noch auf dem Gefängnisgelände in
ein Taxi, das ihn zu seinem Bestimmungsort bringen sollte.
Und so hatte er es auch diesmal gemacht.

Talâ saß ihm gegenüber, und Kerâmat erkannte sie sofort,
als er durch die Drehtür die Hotellobby betrat, obwohl sie
eine Sonnenbrille und ein Kopftuch aufhatte und dreißig
Meter vom Eingang entfernt war.

Kerâmat ging, ohne zu zögern, auf sie zu.

Wie viele Jahre waren vergangen? Zwanzig? Am Vortag
hatte ihn Talâ korrigiert: «Fünfzehn Jahre!» Wahrhaftig keine kurze Zeit. Beide hatten sich verändert. Das war offen-
kundig. Aber diese Beziehung war so tief und prägend, dass
sie Kerâmat gleich im ersten Augenblick überwältigte und er
darum ganz unbekümmert bat: «Nimm die Brille ab, ich
möchte deine schönen Augen sehen.»

Diese Bassstimme war voller Sehnsucht und Verlangen,
und Talâ spürte das. Sie schob die Sonnenbrille hinunter auf
die Nasenspitze und sah Kerâmat an. Ihr standen Tränen in
den Augen, und sie sagte: «Du Treuloser!»

Dann schob sie die Brille wieder hoch. Kerâmat setzte sich
und seufzte, aus Kummer oder einfach so? Das war ihm
selbst nicht klar. Wie jemand, der sich gedankenverloren

Tagtraumbilder durch den Kopf gehen lässt, starrte er einen bestimmten Punkt auf dem Tisch an und nickte eine Weile.

Talâ fragte überrascht: «Du bist allein gekommen?»

Sie hatte die Brille abgenommen, und nun tupfte sie vorsichtig mit einem weißen Taschentuch ihre Lidränder ab. Kerâmat fragte zurück: «Hätte ich etwa meine Frau und Kinder mitbringen sollen?»

Talâ lächelte. Er fuhr fort: «Du Liebe! … Als du gestern Abend am Telefon gelacht hast, ist mir wieder eingefallen, wie schön dein Lachen immer klang.»

Talâ antwortete: «Es gibt noch viel mehr, was du vergessen hast. Das weiß ich.»

«Vergessen hatte; aber jetzt nicht mehr. Seit vollen vierundzwanzig Stunden habe ich die ganze Vergangenheit vor Augen, als ob sie auf einer Leinwand vor mir abliefe.»

Talâ erkundigte sich lachend: «Immer noch Filmfan? Und immer noch dieselben Filme?»

Kerâmat sah sie mit einem flüchtigen Lächeln an: «Liebste Talâ, lach doch noch mal!»

Sie lachte kokett und wiederholte: «Ich habe gefragt, ob du immer noch …»

Kerâmat erwiderte: «Keine Zeit; ich weiß nicht mal mehr, wo mir der Kopf steht.»

Und bei diesen Worten schob er die Blumenvase auf dem Tisch nach hinten. Als ob er damit zeigen wollte, wie beschäftigt er sei.

Talâ antwortete: «Ich weiß, dass du jetzt eine wichtige Persönlichkeit bist, deswegen habe ich gestaunt, als ich gesehen habe, dass du alleine gekommen bist. Ohne Bodyguards oder …»

Kerâmat legte die Hände auf den Tisch, beugte sich vor und sagte, das Gesicht ganz nahe dem ihren, leise: «Ja, ‹eine wichtige Persönlichkeit›; und weißt du auch, wozu das Ganze? … Bloß, damit ich mich Tag für Tag ficken lassen muss!»

Talâ lehnte sich zurück und lachte laut auf; gleichzeitig streckte sie die Hand aus und legte sie auf seine.

Jetzt sahen die beiden einander in die Augen. In dem bernsteinfarbenen Blick der Frau spiegelte sich eine tiefe Betrübnis wider. Warum war er damals nur nicht mit ihr mitgegangen? Unter den vielen Frauen, mit denen er sich in all den Jahren abgegeben hatte, war sie die Einzige, die ihm Sicherheit gab. Talâ sagte: «Du hast immer noch nicht begriffen, wie sehr ich dich geliebt habe.»

Kerâmat zog seine Hand unter der ihren hervor und nickte: «Doch, weiß ich … Du bist die anständigste Frau, die mir in meinem ganzen Leben über den Weg gelaufen ist.»

Mit einem Mal meinte Talâ: «Kerâmat …»

Und dann verstummte sie. Er ermunterte sie: «Was denn!»

Talâ bat: «Lass uns noch mal von vorne anfangen mit unserer Liebe und unserer Freundschaft!»

Kerâmat schwieg einen Moment. Mit allen Fasern seines Wesens wünschte er sich genau das, aber er sagte: «Na ja, schließlich ist meine jetzige Stellung völlig anders als die von damals.»

Vielleicht fragte ihn Talâ deshalb, weil sie ihn in diesem sanften Ton sprechen hörte: «Was haben Liebe und Freundschaft mit deiner Stellung zu tun? Und war unsere Freundschaft denn bloß eine gewöhnliche Freundschaft?»

«Ich habe Frau und Kinder.»

«Na und? Kannst du doch ruhig! … Damit habe ich nichts am Hut. Deine Nächte können meinetwegen Ghontsche gehören. Ich möchte nur einmal in der Woche einen Kaffee mit dir zusammen trinken, das reicht mir.»

Und sie sah ihn schelmisch an.

Kerâmat setzte an: «Ich muss mal sehen …»

Talâ unterbrach ihn: «Ich will doch auch nicht, dass wir was Unmoralisches machen. Wir bleiben ganz keusch und züchtig. Hast du ein Problem damit?»

Kerâmat ließ zum ersten Mal wieder nach all diesen Jahren – wie viel Zeit seitdem vergangen war! – sein weiches kicherndes Lachen hören und antwortete: «Du hast aber auch an alles gedacht!»

Dann fügte er hinzu: «Außerdem bin ich ziemlich alt geworden, die Jahre und Tage sind nicht spurlos an mir vorübergegangen.»

Es war offensichtlich, dass er sich zierte. Talâ zog langsam die Schultern hoch, kniff die Augen zusammen, und wie eine Nackttänzerin auf der Bühne machte sie weiche, schlangenartige Bewegungen mit ihrem Hals. Dann sagte sie mit einer Stimme voller Sinnlichkeit: «Ich mache wieder einen vierzigjährigen Kerâmat aus dir. Genau so, wie du warst, als wir uns kennengelernt haben.»

Das ließ ihn nicht kalt, es war ein wohlbekanntes Gefühl: Erregtheit in Gegenwart einer Frau!

Er ließ die Hand wieder auf den Tisch vor sich gleiten, hob den Kopf, schloss die Augen und sagte mit leiser Stimme: «Talâ!»

Sie legte ihre Hand auf die seine und drückte sie ein wenig. Dann fuhr er fort: «Wenn du hiergeblieben wärst, wär's vielleicht nicht so weit mit mir gekommen.»

Sie widersprach: «Ob ich geblieben wäre oder nicht, hatte für deine Einstellung doch nichts zu bedeuten. Das letzte Mal, als ich dich gesehen habe, warst du schon auf diesem Trip.»

Kerâmat hielt die Augen noch immer geschlossen und ließ seine Hand in ihrer; von dort ging eine warme Welle auf ihn über und breitete sich nach und nach in seinem ganzen Körper aus. Dann wiederholte er mit demselben betroffenen Tonfall: «Talâ!»

Talâ wusste genau, welche Saiten sie anschlagen musste; mit einer besonders verführerischen Stimme hauchte sie: «Herzallerliebster!»

«Hätte ich doch bloß auf dich gehört! Wäre ich doch bloß mit dir mitgekommen! Dann säßen wir beide jetzt glücklich und zufrieden an irgendeinem Eckchen der Welt ...»

Sie antwortete ihm: «Ich lass dich nie mehr alleine, nie mehr!»

Kerâmat wurde wieder ganz heiß, aber er beherrschte sich, lehnte sich zurück und hüstelte. Dann zuckte er vor Kummer mit dem Kopf wie jemand, der gerade in Tränen ausgebrochen ist.

Bitterkeit kam auf, und vielleicht sagte Talâ gerade deshalb neckend: «Na ja, so schlecht ist es ja nun auch wieder nicht, dass du dich in den neuen Verhältnissen eingerichtet hast. Wer könnte sich denn sonst meiner annehmen und mir mein Haus und meine Villa von denen da zurückholen?»

Und dann fragte sie in ernsthaftem Ton: «Sag mal, Kerâmat, kann man die wirklich zurückkriegen?»

Kerâmat machte eine wegwerfende Handbewegung und sagte: «Na klar, das läuft wie geschmiert.»

Kerâmat bestellte Tee und Kuchen. Talâ erzählte, wo sie in diesen Jahren gewesen war, was sie gemacht hatte, sie sagte, sie lebte jetzt in Kanada, und weil sie gehört hätte, dass ein paar von den beschlagnahmten Häusern ihren Eigentümern zurückgegeben worden wären, sei auch sie nach Iran gekommen, um Schritte dafür einzuleiten, dass sie ihre Häuser zurückbekäme, und jetzt sei ihr mal wieder der Gedanke gekommen, sie könnte ja von nun an regelmäßig wenigstens ein halbes Jahr in Iran bleiben.

«Du hast ja keine Ahnung, wie einsam ich mich da fühle.»

Dann kam die Sprache auf die Möglichkeit, Geld in Kanada anzulegen. Talâ war überzeugt, es sei in dieser Beziehung für Iraner ein sehr geeignetes Land. Sie machten aus, dass Kerâmat nach Kanada kommen sollte, um die Aussichten für Kapitalanlagen an Ort und Stelle zu untersuchen.

«Wenn meine Pflichten mir bloß genug Zeit lassen.»

Talâ äußerte die Überzeugung, dass es da kompetente Leute gäbe, um einen zu vertreten; die könnte man beauftragen, sodass man auf der sicheren Seite wäre und nicht in schwere Wasser käme; man würde nicht riskieren, sein Kapital zu verlieren.

Kerâmat ließ nichts über seine Vermögensverhältnisse durchblicken, aber er meinte: «Ich habe gehört, dass Hotels und Kasinos in solchen Ländern eine sehr profitable Kapitalanlage sind.»

«Wenn du meine Ansicht wissen willst, bring alles Geld, das du hast, über den großen Teich.»

«Daran denke ich schon eine ganze Weile.»

Und schließlich meinte er: «Wir müssen uns öfter sehen.»

«Na klar.»

«Ich folge dir aufs Wort. Aber so wie damals geht es nicht mehr, nicht auf dieselbe Art und Weise ...»

«Das habe ich doch auch schon gesagt.»

Kerâmat nickte zustimmend mit dem Kopf: «Wir müssen eine Zeitehe schließen.»

Was wollte sie mehr? Sie schloss die Augen und holte tief Atem: «Wie du willst.» Und sie lachte kokett. Jetzt war sie der Talâ von früher ähnlicher als je zuvor.

Kerâmat sagte: «Liebste! ... Wie hinreißend du lachst ... Lach noch mal!»

Talâs Stimme zitterte beinahe vor Erregung: «Ich hab dir doch schon öfter gesagt, seitdem ich dich kenne, kommen mir alle andern Männer wie halbe Portionen vor.»

Kerâmats massiger Körper schüttelte sich vor lautlosem Lachen, als er sagte: «Lass mich dir eins sagen: Du bist die tollste Frau, die mir in meinem ganzen Leben begegnet ist, ganz große Klasse, echt, wie ein Mann.»

Sie antwortete: «Lass mich dir auch was sagen: Deine Talâ ist immer noch dieselbe.»

Kerâmat schüttelte bedauernd den Kopf: «Aber dein Kerâmat ...»

Talâ fiel ihm ins Wort und sagte, heftig nickend, mit dem Brustton der Überzeugung: «Du kannst doch wieder neu anfangen und wieder mein Kerâmat werden!»

Er sah auf die Uhr, dann stand er auf und entschuldigte sich: «Ach, es ist spät geworden. Weißt du, dass wir schon über eine Stunde hier sitzen und quatschen?»

Talâ stand ebenfalls auf: «Mach dir keine Sorgen. Ich bring dich hin.»

«Das Taxi, das mich hergefahren hat, wartet draußen auf mich.»

Talâ legte ihre Tasche erneut auf den Tisch: «Warte einen Moment, ich bin gleich zurück, nur fünf Minuten.» Sie wies mit der Hand auf das Toilettenschild an der Wand. Kerâmat setzte sich wieder hin.

Kerâmat war bislang nicht weiter als bis in die Türkei gekommen, und das erste Mal war es Talâ und niemand sonst gewesen, die die Rede auf eine Reise ins Ausland gebracht hatte: «Ich muss dich mal nach Europa mitnehmen, das musst du gesehen haben. Was für Cafés, was für Bars, aber vor allem, was für Frauen! (Er sah drein, als ob es zwanzig Jahre früher wäre und Talâ ihm gegenübersäße.) Solange du das nicht gesehen hast, hast du keine Ahnung, was in der Welt vor sich geht.»

Kerâmat hatte vor Glück gestrahlt: «Äh. Muss ich dann nicht auch deren Sprache lernen?»

«Das überlass ruhig mir.»

Talâ sprach mit den Westlern immer ausländisch.

Kerâmat fragte: «Wie heißt eigentlich ‹Kerâmat› auf Ausländisch?»

Talâ gestikulierte, verzog den Mund ganz komisch und brachte ein Wort heraus. Dann lief Kerâmat ihr hinterher, nahm sie in die Arme und drückte sie an sich. Er öffnete die Lippen zu seinem typischen, weichen Kichern, und während er die Brust gegen ihren Busen presste, überlief es ihn heiß. Er war davon überzeugt, dass dieser Sommer nie aufhören würde.

Nachmittags war er Tag für Tag am liebsten bei ihr zu Hause gewesen. Dann schickte sie alle anderen weg. Stumpf und teilnahmslos saß er, auf seine mächtigen Oberarme gestützt, im Sessel. Sie verputzten Bier und Pistazien, und sie sahen fern. Kerâmat zeigte auf Scha'bun auf dem Bildschirm und kommentierte: «Seine Majestät hat Krone und Thron der Treue dieses Mannes zu verdanken.»

Nicht nur die Frauen, auch der Herrscher dieses Landes stand in der Schuld ehrenwerter Jungs wie Kerâmat.

Man sah den Schah stolzgeschwellt, mit einer Sonnenbrille auf der Nase, in den Himmel schauen und Scha'bun «ohne Hirn», wie er sich in der Mitte einer Sportarena dreht und dreht und dreht ... und zwar ... das war am Geburtstag des Monarchen.

Scha'bun «ohne Hirn»! Am nächsten Tag hatten sie sich am Gomrok-Platz getroffen, am Tupchâne-Platz war eine weitere Gruppe zu ihnen hinzugestoßen, und am Kâch-Platz war das Gedränge noch größer geworden. An jenem kalten Februarmorgen hatte in den Straßengräben und auf den Bäumen in den Straßen noch Schnee gelegen, und auf dem Kâch-Platz hatte überall, wo man hinblickte, auf den Schildern der Demonstranten das Foto des jungen Schahs gelächelt.

Ein Gerücht, das von Mund zu Mund ging, besagte, dass der Schah sich mit Mossaddegh überworfen, das Land verlassen hatte und fortgehen wollte und dass sich Mossaddegh in diesem Augenblick im Palast befand, um den Schah zu verabschieden.

Ein angemieteter Autobus nach dem andern traf ein, und die Männer stiegen aus. Kerâmat hatte eine ganze Tasche voller Jetons, für die es Tschelou-Kebâb gab, und jeder, der sich bei ihm meldete, bekam einen.

Wieder wurden ganze Lieferwagenladungen von Schildern gebracht, auch einige Pulte. Elegant gekleidete Männer mit schwarzen Mänteln und weichen Filzhüten stiegen darauf und schrien in Megafone. Die Adern an ihren Hälsen schwollen an, und ihre Gesichter liefen rot an wie Maulbeeren. Und alles, was sie an Spucke hatten, verteilten sie großzügig über die Umstehenden. Es war die Rede vom Vaterland und von einer Verschwörung der Ausländer, die im Hinterhalt nur darauf lauerten, uns alles zu nehmen, unsere Freiheit, unsere Ehre, kurz und gut, einfach alles. Aber unser junger Schah, dem unser Glück und unsere Freiheit so am Herzen lagen und der wie ein fürsorglicher Vater die Flügel über sein Volk ausbreitete, widerstand wie ein fester Damm allen Komplotten. Ebendeswegen wollten sie ihn von der Bildfläche verschwinden lassen, um ihre verruchten Pläne auszuführen … Die Erregung packte Kerâmat. Sein Ehrgefühl war getroffen, es ließ ihm keine Ruhe, sein Tatendrang erstickte ihn fast, und Tehrun mit all seinen Straßen und Plätzen wurde ihm zu eng.

Er brüllte los und tobte. Die Menschen wichen zurück. Er legte die Hände in den Nacken, senkte den Kopf, und mit jener Stimme, die wie eine Kesselpauke klang, schrie er: «Und wenn es mich den Kopf kostet, ich werde nicht zulassen, dass Seine Majestät auch nur einen Fuß außer Landes setzt!» Dann ging er mit einem Schlage in Kampfstellung. Er verdrehte erneut die Augen und starrte wutentbrannt Löcher in die Luft. Die Leute wichen noch weiter zurück und betrachteten seine hünenhafte Gestalt; ihnen gegenüber stand die fleischgewordene Mannhaftigkeit einer Nation, und niemand wagte es, auch nur einen Finger zu rühren.

Breitbeinig, die Hand in der Tasche, hatte er das Messer fest im Griff, und zwischen seinen Lippen sprudelten Schimpfworte und heiße Luft heraus.

Messer! Federmesser, mit Perlmuttgriff, verziert mit dem Bild von einer Frau, einem Berg, einem Stern, einer Palme, dem Meer, einem Boot und wieder einer Frau! Auf den leichtesten Druck sprangen die Klingen aus dem Griff. Aber nicht ohne die Erlaubnis von Scha'bun; es war nicht geplant, sie aus der Tasche zu holen. Die angemieteten Autobusse hatten jetzt die ganze Umgebung um den Palast herum besetzt. Dann traf Ayatollah Behbahâni ein. Die Menge machte einen Weg für ihn frei, und er fuhr, um dem Schah Mut zuzusprechen und ihn von der Flucht abzubringen, ins Innere des Palastes.

Mossaddegh war mit den Kommunisten übereingekommen, den Schah aus dem Lande zu jagen. Die Kommunisten! Die waren für Gemeinschaftseigentum, sogar an den Frauen, sogar an den Unterhosen, sogar … Mossaddegh, der alte Tapergreis, wollte Schah werden. Scha'bun hatte Kerâmat eine Zeitung gezeigt und erklärt: «Guck dir diesen Kerl doch bloß an, ein alter Opiumraucher und immer unter der Bettdecke.»

Es war abgemacht worden, mit Mossaddegh, sobald er aus dem Palast käme, abzurechnen. Kerâmat erhob wild entschlossen die Hände. Scha'bun sah sich drohend um: «Aber erst, wenn ich das Zeichen gebe.»

Wer nicht kam, war Mossaddegh. Jemand meinte: «Der Typ ist verduftet.» Ein anderer sagte: «Er hat sich in ein Mauseloch verkrochen.» Dann stieg wieder ein Mann mit Schlips auf ein Pult und redete hochtrabend. Kaum kam er herunter, ging einer von den Jungs hinauf. Der sprach wenigstens klar und deutlich wie ein vernünftiger Mensch.

«Der Typ hat aus Schiss vor uns, den wahren Dienern Seiner Majestät, in den Sack gehaun, und bei Gott … er hat sich aus dem Staube gemacht!»

Die Menge zerstreute sich. Einige wurden weggefahren, andere gingen zu Fuß. Die Fußgänger eilten alle zu den Tschelou-Kebâb-Lokalen. Kerâmat hatte noch eine Menge Jetons übrig. Die verkaufte er sämtlich zum halben Preis, genug Geld für zwei Wochenenden.

… im Dunkeln ist es immer kälter, das wusste der zwölfjährige Kerâmat instinktiv, dort hinten brannten Gaslichter auf dem Karren, auf dem Reispudersuppe, heiße Rote Bete und gebackene Kartoffeln zum Verkauf angeboten wurden. Die letzten Kunden standen neben dem Wagen mit den Rüben, offensichtlich sagten sie etwas, und dann nahm der Verkäufer einen Teller, schnitt mitten zwischen den Dampfkringeln ein großes Stück von einer großen Roten Rübe ab, legte es auf den Teller, zerkleinerte es dann Stück für Stück und überreichte es dem Kunden.

Der Dampf, der von dem großen Tablett mit der Roten Bete aufstieg, zog zu ihm herüber; Kerâmat spürte die Wärme und den süßen Geruch. In ihrem Dorf gab es keine Rote Bete, und er hatte in seinem ganzen Leben noch keine gegessen; aber in diesem Augenblick war er davon überzeugt, dass dies das köstlichste Essen der ganzen Welt war. Die Kunden verspeisten es mit Behagen.

Der englische Unteroffizier kam den breiten Gehweg entlang und bog in die Gasse ein. Kerâmat hatte keine Angst, er lief nicht weg. Er stand da und schaute auf den Geldschein in der Hand des Mannes. Er hatte bis dahin noch nie eine Banknote besessen. Dennoch vertraute er plötzlich darauf, dass er ihm ein Weilchen später gehören würde. Dann könnte er alle Roten Rüben des Verkäufers auf einmal kaufen. Ja, das könnte er bestimmt.

Er verstand die Sprache dieses Mannes nicht. Aber sogar im Dunkeln verstand er die Sprache von dessen blassen Augen. Als der ihm das Ohr streichelte, wehrte er sich überhaupt nicht, sondern er umklammerte nur den Geldschein mit seiner kleinen Faust; gleichzeitig zitterte er dabei, weil es so brannte und so wehtat und weil er so hungrig war; er hörte das Keuchen von dessen heftigen Atemzügen direkt neben seinem Ohr. Hammel, Esel, Hunde; er hatte in ihrem Dorf gesehen, was die miteinander treiben, und vielleicht machte dieser Mann mit ihm gerade dasselbe. Mit derselben Hand, die die Banknote umklammerte, wischte er sich die Tränen ab. Bestimmt konnte er sich damit ein warmes Brot kaufen, aber auf einmal wurde er unruhig. Und wenn die Bäcker um diese Zeit nichts mehr verkauften? Und wenn er bis zum nächsten Morgen warten müsste? Vielleicht würde dieser Rübenverkäufer ... In dem Moment beschleunigten sich die ungestümen Atemzüge des englischen Unteroffiziers auf einmal wieder, und er drückte Kerâmat gegen eine Hauswand in der Gasse, noch ein, zwei Stöße; dann ließ er ihn zu Boden gleiten.

Wieder erschien ihm seine Mutter, älter und verbrauchter als je zuvor, so wie er sie beim letzten Treffen gesehen hatte, müde und abwartend blickte sie zur Tür. Ihre Haare waren weiß und stachelig, das zerfurchte, kranke Gesicht hatte sie bedeckt, und sie krümmte sich vor Schmerzen auf einer kleinen Bastmatte in jenem rauchigen, leeren Zimmer. Wo war das? Da, wo er zur Welt gekommen war? In einem Dorf jenseits der Wüste? An einem Ort hinter Berg und Tal? Oder sonst irgendwo ...? Er wollte nicht länger daran denken. Er wollte nicht wissen, wo er herkam.

Talâ fragte ihn: «Darf man wissen, wo du bist?»

Kerâmat hob den Kopf, plötzlich begriff er, dass sie wieder da war. Sie nahm gerade ihre Tasche vom Tisch. Sie sagte: «Ich stehe schon eine Weile hier, aber du siehst mich gar nicht. Du bist doch hoffentlich nicht verliebt?»

Kerâmat schüttelte lächelnd den Kopf. Talâ meinte: «Ent-

schuldigung! Ich habe dich warten lassen … Na gut. Gehen
wir?»

Kerâmat erhob sich, plötzlich sagte er: «Moment mal,
Talâ!»

Und er schaute sie prüfend an. Talâ zupfte sich die Kleidung zurecht und fragte: «Warum guckst du mich so an?»

Er antwortete: «Hm, du siehst aus, als ob …»

Dann brach er ab. Talâ ließ nicht locker und fragte noch
einmal: «Was ist los? … Sag doch mal!»

«Du siehst irgendwie anders aus, vielleicht …»

Sie warf ihm einen koketten Blick zu: «Willst du sagen,
dass ich so schicker aussehe?»

«Genau das hatte ich vor! Zum Abschied …»

Talâ lächelte. Sie machte mit der Hand eine kreisförmige
Bewegung vorm Gesicht und erwiderte: «Man sieht es also.
Ich habe mein Make-up aufgefrischt.»

Und dann fragte sie spitzbübisch: «Gefällt es dir nicht?»

Kerâmat nickte gut gelaunt und Überraschung heuchelnd
mit dem Kopf: «Gehen wir!»

Nur einen Augenblick, ehe sie die Hotellobby verließen,
blieb Talâ stehen, legte ihm die Hand auf die Brust und sagte: «Übrigens habe ich heute am Eingang zum Gefängnis
eine Frau gesehen, die erzählte, gestern wären sie plötzlich
aus heiterem Himmel in ihr Haus eingedrungen, hätten ihre
Tochter rausgeholt und sie weggebracht. Sie wiederholte im-
merzu den Namen Schahrsâd, Schahrsâd. Mir …»

Kerâmat blickte auf ihre Hand mit den schönen Fingern
und rot lackierten, langen Nägeln, die jetzt auf dem Kragen
seiner Jacke lag. Diese Finger hatten sich einst in den Haaren auf seiner Brust bewegt, sie waren ihm über den Bauchnabel geglitten und dann zart und weich nach unten gelangt
… Sein Mund wurde trocken, er hatte das Gefühl, dass ihm
die Luft wegblieb, sein Atem ging schnell und stoßweise.
Talâ fragte: «Wo bist du nur mit deinen Gedanken?»

«Bei dir. Was willst du?»

«Das Mädchen heißt Schahrsâd. Sieh doch mal, ob du was für sie tun kannst.»

Wenn Kerâmat Talâ auch sehr genau betrachtete, kam er doch nicht darauf, was ihm aufgefallen war; und er fragte: «Wie, hast du gesagt, heißt sie?»

Aber dann wartete er die Antwort nicht ab. Er fuhr fort: «Schließlich sind das nicht bloß ein oder zwei ... Die Konterrevolutionäre schicken diese siebzehn, achtzehn Jahre alten Mädchen vor, damit sie ...»

Talâ wandte ein: «Aber ihre Mutter sagt: ‹Meine Tochter hat mit solchen Sachen nichts zu tun.›»

«Das sagen alle Mütter.»

Sie kamen aus dem Hotel heraus. Kerâmat stand auf dem Gehweg und sah Talâ hinterher, wie sie fortging. Sie hatte sich kein bisschen verändert, war weder älter noch dicker geworden. Es war, als ob ihr wohlgeformter Hintern ihm mit seinen rhythmischen Bewegungen zuriefe: «Komm, komm, nimm mich! ...» Kerâmat machte zwei, drei Schritte vor, Talâ war jetzt bei ihrem Auto angekommen, sie öffnete gerade den Wagenschlag, ihr Profil strahlte in der Herbstsonne und ihr orangefarbenes Kopftuch ... Kerâmat zuckte plötzlich zurück, Talâ hatte ihr Kopftuch gewechselt. Bevor sie auf die Toilette gegangen war, hatte sie ein andersfarbiges Tuch getragen. Was für eine Farbe war das eigentlich gewesen?

Eigentlich war das ja unwichtig, aber mit einem Mal fiel ihm ein, dass dies genau das war, was die linken Guerillakämpfer taten, auf diese Weise gaben sie ihren Genossen ein Zeichen, dass ... Talâs Auto entfernte sich, und Kerâmat überquerte eilends den Wasser führenden Straßengraben. Am Rand der Fahrbahn tauchte plötzlich, während er nur noch ein, zwei Schritte von dem Taxi entfernt war, das dort auf ihn wartete, ein Motorrad auf und bremste direkt vor seinen Füßen.

Jemand, der hinten auf dem Motorrad saß, stieg ab und holte eine Maschinenpistole unter seinem Mantel hervor; ein kurzer Feuerstoß. Kerâmat starrte den Mann einen Augenblick lang erstaunt an, so als wollte er ihn wegen dieses ungehörigen Benehmens zurechtweisen. Aber plötzlich breitete sich ein scharfer, tödlicher Schmerz von dem Loch im Bauch über seinen ganzen Körper aus. Er wandte sich zur Seite. Als ob er zur Flucht ansetzte, aber er fiel zu Boden, und im selben Moment flüsterte er kaum hörbar: «Du verfickte Fotze, Talâ!»

Es kam ihm so vor, als ob alles um ihn herum mit unglaublicher Geschwindigkeit auf ihn zuraste, die Gebäude, die Bäume, die Autos ... sogar der wolkenlose Himmel, der plötzlich erstaunlich hell leuchtete, alles bewegte sich auf ihn zu. Er schloss die Augen, als ob er sich damit verteidigen könnte und die Dinge auf diese Weise daran zu hindern vermochte, auf ihn einzustürzen. Dann öffnete er die Augen wieder, ja, der Himmel kam ihm wirklich näher, so deutlich hatte er ihn noch nie gesehen. Einen Moment später versuchte er, die Schultern vom Boden zu heben. Der Mann, der über seinem Kopf stand, beobachtete ihn. Kerâmat verzog den Mund zu einem bitteren Lächeln, führte die Hand zum Geschlecht und sagte: «Du Scheißkerl!»

Gleichzeitig machte er einen erneuten Versuch, sich aufzurichten, aber eine weitere Kugel, die aus einem Revolver in seinen Mund abgefeuert wurde, brachte ihn davon ab. Das Blut sprudelte augenblicklich hervor und füllte die Mundhöhle; die Beine machten einige leichte, kurze Zuckungen. Die Hände sanken reglos neben ihm zu Boden. Er stieß einen jäh abbrechenden Seufzer aus.

So nahm sein Leben ein Ende.

* * *

Hinweise zu
Umschrift und Aussprache

Persische Namen und Wörter, die bereits ins Deutsche eingeführt sind, wie «Hafis», «Teheran» oder «Schah», werden in
der üblichen Form geschrieben. Andere sind in einer den deutschen Schreibgewohnheiten weitgehend angepassten Umschrift wiedergegeben. Zu beachten ist lediglich folgendes:

â   langes, offenes *a* (wie bayerisches langes *a* in «Bahn»)
a   kurzes, geschlossenes *a* wie in «Bann»
ch   immer wie in «Nacht», nie wie in «nicht», «Chor»
     oder «Wachs»
dsch wie in «Dschungel»
ey   wie das englische *ay* in «okay»
gh   gutturaler Reibelaut, wie das berlinische *g* in «Magen»,
     ähnlich dem Zäpfchen-*r*
j   wie das *j* in «Journalist»
r   Zungen-*r*
s   stimmhaftes *s* wie in «Nase»
ss   stimmloses *s* wie in «Nässe»
y   wie in «Yak» oder wie das *j* in «Junge»
'   wie der Knacklaut, der im Deutschen vor mit einem
     Vokal beginnenden Wörtern oder Silben gesprochen,
     aber nicht geschrieben wird, z. B. zwischen dem *e*
     und dem *a* in «Beamter»

Personenverzeichnis

Abdo'l-gheyss-e Dschudschu Angeblich von Nasser nach Iran gesandter Ägypter, wahrscheinlich vom Savak erfundene Figur, welche die Unruhen vom Sommer 1963, den Beginn der Protestbewegung um Chomeyni, organisiert haben soll.

Ab-ol-Fasl Stiefbruder Hosseyns, des dritten Imams und großen Märtyrers der Schiiten, der diesem und seiner verdurstenden Familie bei der Schlacht von Kerbelâ Wasser zu bringen versuchte und auch dann nicht aufgab, als die Belagerer ihm nacheinander erst die eine und danach die andere Hand abschlugen. Dadurch wurde er zum Schutzheiligen aller, die etwas zu überbringen haben, sowie zum Namenspatron vieler Brunnen und Wasserstellen.

Aghdass Eine der Geliebten von Kerâmat, Nobelprostituierte, die nur ausgesuchte Kunden akzeptierte und für diese Partys gab, bei denen sie auch als Sängerin auftrat.

'Alam Enger Freund des Schahs Mohammad Resâ Pahlawi und langjähriger Hofminister.

'Ali Vetter und Schwiegersohn des Propheten Muhammad und nach Auffassung der Schiiten dessen legitimer Nachfolger. Als solcher war er der erste Imam dieser Glaubensgemeinschaft. Er wurde beim Gebet hinterrücks ermordet.

Auf ihn bezieht sich die häufig verwendete Redewendung «Yâ 'Ali!», unserem «Bei Gott!» vergleichbar.

Aschraf Zwillingsschwester des letzten Schahs, sie soll in illegale Drogengeschäfte verwickelt gewesen sein.

Asis, «der Sperber» Angehöriger der Teheraner Unterwelt und Kerâmats erster Kontakt zu dieser. Solche Beinamen waren typisch für die bekanntesten dieser zwielichtigen Figuren. Sie sind zum großen Teil authentisch.

Batul Eine der Geliebten Kerâmats. Sie war eine Zeitehe mit einem sehr viel älteren hinfälligen Mann eingegangen, der sie ausgehalten und ihr aus Dankbarkeit einen Garten vererbt hatte. Mit ihrem Geld begann Kerâmat seinen wirtschaftlichen Aufstieg.

Fachri Militante Anhängerin der Islamischen Revolution. Als junge Frau verdiente sie sich unter dem Namen Fattâne ihren Lebensunterhalt als Sängerin und Putzfrau in einem Nachtlokal. Bei der Belagerung und Erstürmung der amerikanischen Botschaft in Teheran unterstützte sie die Besetzer, indem sie sie bekochte.

Fattâh Sohn von Fachri und eine der Hauptpersonen aus *Teheran Revolutionsstraße*, ein falscher Doktor, der sein Geld mit hymenoplastischen Operationen verdient und sich dabei in Schahrsâd Bachtiâr verliebt.

Fattâne Künstlername von Fachri.

Gholâm Angehöriger der Teheraner Unterwelt, der den Spitznamen «die Negerin» trug.

Ghontsche «Knospe», Name eines Mädchens, das sehr viel jünger ist als Kerâmat, ihn aber heiraten muss, da ihr Vater wirtschaftlich von Kerâmat abhängig ist.

Habib Inhaber einer Teheraner Fleischerei; er nahm den zwölfjährigen Kerâmat in seine Dienste, nachdem dieser eine Weile auf der Straße gelebt und gehungert hatte, bezahlte ihn aber nicht, sondern ließ ihn nur in seinem Laden übernachten und gab ihm Essen. Außerdem missbrauchte er den Jungen sexuell.

Howeydâ Langjähriger Premierminister unter dem Schah Mohammad Resâ Pahlawi.

Imam Resâ Achter Imam der Schiiten; er wurde nach deren Auffassung vom Kalifen Al-Ma'mun ermordet. Sein Grab in Maschhad ist zur Pilgerstätte geworden.

Kerâmat Hauptfigur dieses Romans. Als Zwölfjähriger läuft er von zu Hause fort und schlägt sich nach Teheran durch. Dort wird er zum Mitglied, später auch zum Anführer einer Schläger- und Verbrecherbande, kämpft zunächst aufseiten des Schahs, wechselt dann die Front, um die Islamische Revolution zu unterstützen, und bringt es bis zum leitenden Beamten in der berüchtigten Haftanstalt Ewin für politische Gefangene.

Mahwasch Populäre Schlagersängerin, historische Figur.

Maschdi Kurzform von Maschhadi, ist der Beiname jemandes, der zum Grab des Imams Resâ nach Maschhad gepilgert ist. Der hier genannte Maschdi betrieb ein Teehaus und Kebâb-Lokal in den Bergen nördlich von Teheran, die den Bewohnern der Hauptstadt als Ausflugs- und Erholungsgebiet dienen.

Mostafâ Gefängniswärter und Folterknecht in der Haftanstalt Ewin für politische Gefangene, einer der beiden Rivalen um die Hand von Schahrsâd Bachtiâr.

Scha'bân (oder im Teheraner Dialekt: Scha'bun) Dscha'fari Historische Figur, eine der Schlüsselfiguren bei dem gegen den demokratisch gewählten Ministerpräsidenten Mossaddegh gerichteten, von der CIA organisierten Staatsstreich von 1953; die Iraner gaben ihm den Spitznamen «bi-moch»: «ohne Hirn». Aus Dankbarkeit für seine Mitwirkung bei diesem Putsch schenkte der Schah ihm später ein «Surchâne», eine traditionelle Sportstätte.

Schahrsâd Bachtiâr Die junge Frau, um welche die beiden Anhänger der Revolution in dem Roman *Teheran Revolutionsstraße* rivalisieren und die einer der beiden deswegen ins Gefängnis bringen lässt.

Talâ Aus der Gosse aufgestiegene Nobelprostituierte, die in den höchsten Kreisen der Teheraner Gesellschaft verkehrt und dort ihre Freier findet; diejenige von Kerâmats Geliebten, die ihm am meisten bedeutet.

Tayyeb Teheraner Bandenführer, zunächst Verbündeter, später Gegner von Scha'ban «ohne Hirn»; historische Figur.

Yasid Der für den Tod Hosseyns bei Kerbelâ verantwortliche Kalif, für die Schiiten der Inbegriff des ungerechten Tyrannen.

Erläuterungen

Âgh Kurzform von «Âghâ»: Herr.

Âgh Dâdâsch Liebe- und respektvolle Bezeichnung für den ältesten Bruder, Inbegriff des bewunderten Machos.

Allahu akbar «Gott über alles» (arabisch).

Âryâmehr «Licht der Arier», dem Schah vom iranischen Parlament verliehener Ehrentitel.

Bahâresstan Zentraler Platz mit dem Parlamentsgebäude.

Bahman Elfter Monat des iranischen Sonnenjahres (21. Januar bis 19. Februar).

6. Bahman 26. Januar, der Tag, an dem der Schah seine «Weiße Revolution», später «Revolution des Schahs und des Volkes» genannt, verkündete.

Brottuch Das iranische Brot wird in großen Fladen gebacken und beim Einkauf meist in ein Tuch gewickelt.

Dâsch Âkol Titel eines Films nach einer gleichnamigen Erzählung von Ssâdegh Hedâyat, dem bekanntesten iranischen Erzähler des zwanzigsten Jahrhunderts.

Dreifach verstoßen Das islamische Recht kennt verschiedene Formen der Scheidung: Die dreifache hat etwas Endgültiges, Unwiderrufliches; spricht der Mann die Trennungsformel dreimal aus, darf er die Frau nicht wieder heiraten (es sei denn, diese ehelichte zwischendurch einen anderen). Eine solche Frau kann also nicht mehr auf Versöhnung mit ihrem Mann hoffen.

Ehe auf Zeit Nach schiitischem Recht ist es möglich, Ehen auf Zeit – ohne die Zustimmung der ersten Frau – abzuschließen.

Esstuch «Ssofre», entspricht unserem Tischtuch, wird jedoch meist auf den Boden gelegt.

Ewin Berüchtigtes Gefängnis im Norden Teherans, vor allem für politische Häftlinge.

Gas oder Gaz Dem französischen weißen Nougat ähnliche typische Süßigkeit aus Isfahan.

Hammâm Türkisches Bad.

Heuchler Ein von Chomeyni eingeführter Schimpfname für die Volksmodschâhedin, eine bewaffnete islamische Oppositionsgruppe, die zunächst mit terroristischen Attentaten gegen das Schah-Regime und später gegen die Machthaber der Islamischen Republik Iran gekämpft hat.

Heiliger Georg Im Original 'Âbess, strenger islamischer Glaubenskrieger.

Imam bei den schiitischen Muslimen Bezeichnung für die Nachkommen von 'Ali, dem Vetter des Propheten Muhammad,

und dessen Tochter Fatima. Sie sind nach Ansicht der Anhänger dieser Glaubensrichtung die einzig legitimen Nachfolger Muhammads.

Kerbelâ In der Schlacht bei Kerbelâ kamen Hosseyn, der
dritte Imam, und seine Familie um. Seitdem gelten sie für
die Schiiten als Märtyrer (siehe auch Yasid).

Kieselbrot «Ssangak», auf heißen Kieselsteinen gebackenes
Fladenbrot.

Lâ ilâha ilâ Allah «Es gibt keinen Gott außer Gott» (arabisch),
Beginn des muslimischen Glaubensbekenntnisses.

Lâlesâr Hauptgeschäftsstraße.

Liebesvogel Agapornis, gehört zur Gattung der Edelpapa-
geien.

Mardschân Koralle, Mädchenname, Name eines Cafés usw.

Maschallah Ausdruck des Erstaunens, der Bewunderung.

Moharram Monat nach dem religiösen Kalender, in dem
zahlreiche schiitische Trauerprozessionen zum Gedenken an
das Martyrium von Hosseyn stattfinden, bei denen sich junge Männer selbst geißeln.

Morsched Geistlicher Führer der Mystiker oder Trainer in
einer der traditionellen Sportstätten.

Nadschaf Wichtiges Heiligtum der Schiiten. Dort liegt der
erste Imam 'Ali begraben.

Nougat eigentlich «Gas» (in anderer Umschrift «Gaz»), typische Isfahaner Süßigkeit.

Qalendar Wanderderwisch, Freidenker, manchmal auch eine Art islamisch-mystischer Robin Hood.

Savak Geheimdienst des Schah-Regimes.

Schari'a Wörtlich «Weg zum Paradies» (arabisch); religiöses Gesetz, enthält auch Regelungen zum Familienrecht. Die Schari'a besteht aus direkt im Koran verankerten Normen und solchen, die auf Überlieferungen beruhen. Letztere weichen bei Schiiten und Sunniten voneinander ab, und die der Schiiten kennen auch auf Zeit geschlossene Ehen.

17. Schahriwar 8. September, an dem Tag wurde eine größere Anzahl von Demonstranten durch die Streitkräfte des Schahs getötet.

Schwarzer Freitag Siehe 17. Schahriwar.

Sitzgestell «Tacht», breites Holzgestell, das mit Teppichen und Kissen ausgelegt wird und auf dem mehrere Personen – im Schneidersitz – Platz zu nehmen pflegen.

Spionennest Zur nachträglichen Rechtfertigung der (völkerrechtswidrigen) Besetzung der amerikanischen Botschaft in Teheran am 4. November 1979 wurden die dort tätigen Diplomaten als Spione bezeichnet und die Botschaft als Spionennest.

Sportstätte Die traditionellen Sportstätten der Iraner heißen «Surchâne» (Krafthaus). Sie gehen angeblich auf die erste Zeit nach der Eroberung Irans durch die Araber zurück und bildeten damals einen Hort des nationalen Widerstands. Dort werden Kraftsportübungen mit Rezitationen aus dem Nationalepos, dem «Königsbuch», und dem Koran, Gebeten und Wohltätigkeitsaktivitäten verbunden.

Sumach In der arabischen, iranischen und türkischen Küche beliebtes Gewürz mit leicht säuerlich-fruchtigem Geschmack.

Surchâne Siehe Sportstätte.

Strohlehmziegel Sie verströmen, in Wasser gelöst, einen starken Geruch; altes Hausmittel zur Wiederbelebung von Ohnmächtigen.

Tehrun Vulgäre, dialektale Variante von Teheran.

Tehruner Vulgär für Teheraner.

Tschâdor Ganzkörperschleier, der nur das Gesicht frei lässt, meist in einer dunklen Farbe gehalten.

Tschelou-Kebâb Iranisches Nationalgericht aus gedämpftem Reis mit gegrilltem Lamm- oder Rindfleisch.

Tumân Ein Tumân sind zehn Riâl, wie die offizielle Bezeichnung der iranischen Währung lautet.

Tupchâne-Platz Der geschäftige Mittelpunkt Teherans.

Nachwort

Mit diesem Roman erscheint das abschließende Werk einer der iranischen Hauptstadt Teheran gewidmeten Trilogie. Der Autor ist geradezu dazu berufeneine solche zu schreiben, denn er ist niemand, den es bloß zufällig dorthin verschlagen hat: er entstammt einer Teheran – seit Generationen – eng verbundenen Familie. Somit ist er ein echtes Kind dieser spannenden, aber problematischen Stadt, in die er nach über zwei Jahren Auslandsaufenthalt trotz der Einschränkungen, die das für ihn mit sich bringt, Anfang 2012 wieder dorthin zurückgekehrt. Indessen macht die Liebe zu seiner Heimat ihn keineswegs blind für deren Schattenseiten, wie bereits der Titel *Teheran, Stadt ohne Himmel* zeigt. Er schildert sie eindringlich, kritisch, ironisch und macht dadurch für die deutschen Leser eine Welt lebendig, die diesen in Vielem fremd ist und in der man dennoch dieselben allgemein menschlichen Probleme wiederfindet, die auch die Bewohner anderer Teile der Welt bewegen. Voller Sarkasmus sind die Beschreibung Teherans und des wimmelnden chaotischen Verkehrs, erschütternd die Bilder aus dem für politische Häftlinge bestimmten Gefängnis Ewin.

Zwei der drei Romane sind Welterstveröffentlichungen, der hier vorgelegte ist es nur zum Teil. Tatsächlich ist er in Iran während der Ära Châtami in einer von der Zensur stark gekürzten Fassung erschienen und in dieser Version auch ins Arabische übersetzt worden. Aber in jener Fassung fehlt etwa ein Drittel des hiermit erstmals vollständig veröffentlichten Romans. Die beiden anderen Teile sind in Iran gar nicht erschienen. *Amerikaner töten in Teheran* ist bereits vor Jahren bei der Zensur eingereicht, aber immer noch nicht freigegeben worden, und *Teheran Revolutionsstraße* hat der Autor der Zensur gar nicht erst vorgelegt, weil der Versuch, das Buch in Iran zu veröffentlichen, von vornherein aussichtslos anmutete.

Es handelt sich um eine schon wegen ihrer Unterschiedlichkeit interessante Trilogie, deren einzelne Teile, anders als man das von mehrbändigen Werken gewöhnt ist, weder ein durch verschiedene Zeitabschnitte gegliederter Bericht – er ist aber inhaltlich zusammenhängend –, noch Schilderungen desselben Geschehens aus der Perspektive verschiedener Figuren sind. Sie sind durch die handelnden Personen und ihr Schicksal, ja sogar einzelne Szenen mit demselben Wortlaut miteinander verschränkt. Am Beginn des zweiten Kapitels dieses Romans schildert der Autor z. B. einen Vorfall, der genauso im siebzehnten Kapitel von *Teheran Revolutionsstraße* erscheint; die Äußerungen der beteiligten Personen stimmen sogar wörtlich überein. Auch die rivalisierenden Revolutionsanhänger Fattâh und Mostafâ tauchen hier wie dort auf, und Talâ begegnet am Ende dieses Romans der verzweifelten Mutter des Mädchens, um das die beiden in dem anderen Buch kämpfen. Dennoch sind die drei Romane inhaltlich und stilistisch stark differierende literarische Zeugnisse der turbulenten Entwicklungen Teherans im zwanzigsten Jahrhundert.

Mit dem Roman *Teheran Revolutionsstraße*, der in Deutschland als erster erschienen ist, liefert der Autor ein lebendiges, spannendes und facettenreiches Porträt des nachrevolutionären Teherans. Mit souveräner Erzähltechnik führt er die Leser mitten ins Geschehen hinein: Wir wohnen einer Hymenoplastik bei, durchgeführt von einer der Hauptfiguren, einem Angehörigen der Teheraner Unterschicht, der als Lieferant eines Schnapshändlers begonnen hat und es danach, durch die Krankenschwestern angelernt, vom Putzmann in einem Krankenhaus zum Pfleger und, als eifriger Anhänger der Revolution, auch ohne Medizinstudium zum Operateur, ja sogar zum Chef einer Klinik gebracht hat. Der falsche Doktor verliebt sich in seine Patientin und beschließt, sie zu heiraten. Dem widersetzt sich indessen ein anderer, Revolutionär und Folterer wie er, aber Vertreter einer jüngeren Generation und Altersgenosse des Mädchens. Sie wetteifern miteinander an Skrupellosigkeit und Brutalität, treten dabei jedoch als fromme Muslime auf. Uns begegnen indessen auch andere Charaktere wie die Mutter des erwähnten «Doktors», die sich einerseits der islamischen Revolution verpflichtet fühlt und andererseits Mitleid mit deren Opfern verspürt, oder des jüngeren Bewerbers tiefgläubiger Großvater, der staunend feststellt: «Gut, dass die Leute noch einen Glauben haben, nach all dem Unheil, das man im Namen der Religion und des Buches über sie gebracht hat.»

Vom ersten Absatz an besticht die Verbindung von genauer Beobachtung und kritischer Beschreibung mit einer – meist, aber nicht durchweg bitteren – Ironie, welche die Heuchelei der frommen Revolutionäre gnadenlos aufs Korn nimmt.

Im zweiten Teil, der den Titel *Amerikaner töten in Teheran* trägt, schildert der Autor uns «sechs Episoden über den Hass». Es sind Ausschnitte aus der Geschichte Teherans im zwanzigsten Jahrhundert, die die Beziehung der iranischen Hauptstadt zum «Großen Satan», den USA, thematisieren. Darin lässt der Autor neben Figuren, die tatsächlich gelebt haben, erfundene Gestalten auf der Bühne des von ihm sorgfältig recherchierten historischen Geschehens agieren. Auf diese Weise vermittelt der Roman eindrückliche Bilder von der Entwicklung Teherans von einer zurückgebliebenen,

entlegenen orientalischen Kleinstadt zu einer der pulsie-
rendsten Metropolen der Moderne und führt den Leser auf
unterhaltsame Weise in die neuere und neueste Geschichte
Irans und das Verhältnis dieses Landes zum Okzident ein.
Der Stil ist, wie bei einer Darstellung historischen Geschehens zu erwarten, nüchterner und sachlicher. Aber auch hier
verzichtet der Autor nicht auf Ironie; es ist jedoch eine Ironie
anderer Art, Selbstironie, wenn der Verfasser einer seiner
Gestalten Züge von sich verleiht, Ironie gegenüber dem Leser, wenn er dessen Erwartung an die Wunder des Orients
dadurch bedient, dass er Elemente in seinen Bericht mischt,
die an die *Märchen aus Tausend und einer Nacht* erinnern.
Auch die Protagonisten sind anderer Natur: neben den historischen Figuren vor allem zwei Amerikaner und eine iranische Familie der oberen Mittelklasse; Letztere sind Anhänger
Mossaddeghs und Gegner zunächst des Schahs und später
der Islamischen Revolution.

In dem hier vorliegenden Roman begegnet uns nun als
Identifikationsfigur wieder einer ihrer Anhänger. Kerâmat ist
als Kind aus einem entlegenen Dorf geflohen und hat sich
nach Teheran durchgeschlagen. Dort erlebt er eine Zeit des
Elends und der Demütigungen, bevor er in einer «Besserungsanstalt» andere Insassen kennenlernt, die ihn in die
Teheraner Unterwelt einführen. Wir begleiten in diesem Roman die letzten vierundzwanzig Stunden im Leben dieses
Mannes, der von einem der aktiven Unterstützer des letzten
Schahs zu einem der leitenden Angestellten des berüchtigten Gefängnisses in Ewin wird, in dem die politischen Gegner der Islamischen Revolution Iran festgehalten, gequält
und ermordet werden.

Der Autor erzählt davon auf drei verschiedenen Ebenen:
Die erste ist das aktuelle Geschehen im Leben Kerâmats, die
zweite dessen inneres Erleben in Form eines Bewusstseins-
stroms von erinnerten oder auch nur vorgestellten Szenen,

und die dritte der Blick des Autors selbst auf den geschichtlichen Hintergrund. Der Stil dieses Romans ist durch das intellektuelle und kulturelle Niveau des Protagonisten geprägt. Zwar verwendet der Autor nicht direkt dessen Sprache, aber doch seine Perspektive, und diese färbt auf die Erzählweise ab, sodass immer wieder vulgäre Ausdrücke auftauchen oder naive Formulierungen, die auf Herkunft und Charakter des Protagonisten zurückzuführen sind. Der Satzbau ist schlicht, überwiegend parataktisch, nur verhältnismäßig selten kommen grammatische Über- und Unterordnungen vor, und häufig begegnen uns Hendiadyoin, also Wendungen, in denen zwei zusammenhängende Wörter einen einzigen Gedanken ausdrücken (wie «schließlich und endlich», «beschimpfen und verwünschen» oder «an Ort und Stelle»). Dies Stilmerkmal hat im Orient eine lange Tradition und ist uns aus der Bibel vertraut (vgl. «Er redete und sprach».) Der Autor hat, wie Luther das einst forderte, dem Volk aufs Maul geschaut. Besonders deutlich wird das an den Stellen, in denen er die direkte Rede verwendet. Im Original lässt er sie dort im Teheraner Dialekt sprechen, der dank Rundfunk, Kino und Fernsehen inzwischen im ganzen Land verbreitet ist und als allgemeine Umgangssprache dient. Im Deutschen wurde, um Verzerrungen und Assoziationen mit bestimmten Landstrichen Deutschlands zu vermeiden, auf die Wiedergabe in einem Dialekt verzichtet, sondern stattdessen eine einfache, gelegentlich auch bewusst primitive oder sogar ordinäre Sprache verwendet. Auf der dritten Ebene, z. B. in dem Abschnitt darüber, was alles auf der Müllhalde der Geschichte landet, oder im Porträt der Kaiserin, benutzt der Autor lange Perioden und einen nahezu plakativ-ironischen Stil.

Meist ist die Ironie aber subtiler. Sie ergibt sich wie selbstverständlich daraus, dass der Berufsverbrecher Kerâmat sich als Garant der Ordnung ganzer Stadtviertel sieht, dass das

korrupte Verhalten des Zolldirektors als besonders «anständig» empfunden wird, dass die Hauptfigur, deren Beziehung
zum weiblichen Geschlecht sich auf Prostituierte beschränkt,
sich als einen Frauenheld betrachtet, dessen Ausstrahlung
von Männlichkeit unwiderstehlich ist, dass er, der oberste
Folterer von Ewin, sich für einen Kavalier mit großem Respekt vor Frauen, besonders Müttern, hält, und dass die Re-
präsentanten der Oberschicht, die auftreten, fast ausschließ-
lich Parvenus sind, während die Wahrung von Ehre und
Anstand die Sache der Gangstersyndikate ist. Diese Verzer-
rung der Wirklichkeit ist eine einleuchtende Folge der vom
Verfasser gewählten Perspektive: der Selbstwahrnehmung
Kerâmats. Gelegentlich scheint indessen trotzdem ohne Stil-
bruch die grausame Wirklichkeit durch – so etwa in den Albträumen von den Schreien der Gefolterten oder in Kerâmats
Erinnerung an den von ihm verursachten Tod des Maschdis,
aber auch in der quälenden Erinnerung an seinen Hunger,
die kalten Nächte des obdachlosen zwölfjährigen Jungen, der
er einst war, oder daran, wie er zum ersten Mal sexuell missbraucht wurde, von einem britischen Unteroffizier, der ihm
dafür einen Geldschein gab.

Stärker noch als in den beiden anderen Romanen bestim-
men die traditionelle iranische Volkskultur und -frömmig-
keit, die in der Unterschicht überlebt hat, das Bild: Die Ehre
der Männer hängt vom Sexualverhalten der weiblichen Fa-
milienmitglieder ab, Frauen sind von Natur aus schamlose
Verführerinnen, die deswegen am besten zu Hause bleiben
oder sich allenfalls tief verschleiert an die Öffentlichkeit begeben sollten, andererseits aber den Männern als Prostituierte, Tänzerinnen und Sängerinnen unentbehrlich sind. So
bemitleidet Kerâmat denn auch, wenn ein Mädchen Opfer
eines sexuellen Übergriffs wird oder als Fachri erzählt, dass
sie von ihrem Freund verlassen wurde, als sie schwanger geworden war, mehr deren ältere Brüder, deren Ehre dadurch

beschädigt wird, als die eigentlichen Opfer. Besonders deutlich wird dieses Weltbild durch die aus der Sicht Kerâmats geschilderten Inhaltsangaben der Filme, die er sich angeschaut hat. Hier ist das Ergebnis der intensiven Recherchen des Verfassers über den traditionellen iranischen Kitschfilm der Schah-Zeit, den sogenannten Film-e fârssi, in die Darstellung eingeflossen. Gegen Ende des zweiten Kapitels spielt der Autor in seiner Version vom Teheraner Boom der ausgehenden Schah-Zeit spöttisch mit den Klischeevorstellungen von den Bewohnern der verschiedenen iranischen Provinzen und den weit verbreiteten Vorurteilen, die Kerâmat mit Vielen teilt.

Interessant ist die Rolle, die der Verfasser den Verbrecherbanden zuweist. Sie sind die Erben einer feudalen Kultur, in der Outlaws keineswegs Gesetzlose waren, sondern Menschen, die ihren eigenen Gesetzen unterstanden, ihren eigenen Ehrenkodex hatten und sich deswegen gegen das herrschende Recht wandten, weil sie dieses als Instrument einer unerträglichen Unterdrückung erlebten. Man denkt dabei an Robin Hood oder Michael Kohlhaas. Aber eigentlich brauchen wir in unserer Geschichte gar nicht so weit zurückzugehen. Die Rolle dieser Banden erinnert an die Berliner Ringvereine der Weimarer Zeit, die offiziell der Wiedereingliederung straffällig Gewordener dienten, tatsächlich aber die Stadt in Einflusszonen verschiedener Gangstersyndikate aufgeteilt hatten. Wie diese in den gewaltsamen politischen Auseinandersetzungen mitmischten, die Ende der zwanziger, Anfang der dreißiger Jahre das Leben Berlins prägten, so waren die Teheraner Unterweltorganisationen wichtige Akteure zunächst in der Auseinandersetzung des Schahs mit Mossaddegh und seinen Anhängern und später in der Islamischen Revolution.

Bemerkenswert ist die genaue Beobachtung kleiner Details, deren Bedeutung sich den Lesern erst bei genauerem

Hinsehen erschließt: So klappen die schweren Jungs des Romans immer wieder an den Schuhen ihre Hinterkappen hoch; denn normalerweise laufen sie in Schuhen mit heruntergetretenen Hinterkappen herum, weil das besonders «cool» ist, aber wenn sie sich auf einen Kampf vorbereiten, bei dem es naturgemäß darauf ankommt, schnell und wendig zu sein, klappen sie sie hoch, um nicht zu riskieren, ihre Schuhe zu verlieren. Oder Kerâmat kauft sich, wenn er ins Kino geht, Nüsse der besten Sorte, weil aus dem hungernden Waisenkind inzwischen ein erfolgreicher Geschäftsmann geworden ist.

Ein weiteres interessantes Charakteristikum der Trilogie ist die Offenheit des Autors für verschiedene Deutungen. Er überlässt es den Lesern zu entscheiden, ob das Mädchen, um das die rivalisierenden Revolutionäre sich im ersten der drei Romane streiten, ein Symbol für seine Heimat Iran ist oder doch nur eine literarische Figur. Er legt sich in *Amerikaner töten in Teheran* nicht fest, ob die entscheidende Rolle bei der Rückholung des Schahs aus dem Exil von einer Allianz reaktionärer Militärs mit iranischen Gangsterbanden gespielt wird oder von der CIA, liefert den Lesern aber detaillierte Informationen, sodass diese selbst sich ein Urteil bilden mögen. Er lässt offen, ob einer der Protagonisten in jenem Buch zum Verräter an seinen Genossen wird oder ob diese ihn zu Unrecht dessen beschuldigen; und er lässt uns im Ungewissen darüber, ob Talâ am Schluss dieses Romanes eine Mitschuld an der Ermordung Kerâmats trägt oder nicht. Nicht zuletzt damit lädt er die Leser dazu ein, zu aktiven Teilnehmern an seinem Schaffensprozess zu werden sowie auch nach Abschluss der Lektüre noch weiter über die Bücher nachzudenken.

Kurt Scharf

Hinweise zu Umschrift und Aussprache,
das Personenverzeichnis und die Erläuterungen
sowie das Nachwort stammen von Kurt Scharf.

Die Übersetzung aus dem Persischen wurde
mit Mitteln des Auswärtigen Amtes unterstützt durch
litprom – Gesellschaft zur Förderung der Literatur
aus Afrika, Asien und Lateinamerika e.V.

Die Originalausgabe erschien 2008 unter dem Titel:
«Tehran, city without sky».
Cheheltans Roman ist 2002 erstmals in Iran erschienen
und wurde für die deutsche Ausgabe überarbeitet.
Umschlaggestaltung:
Geviert — Büro für Kommunikationsdesign, München,
Christian Otto
Gesetzt aus der Schrift Scala
bei a.visus, Michael Hempel, München
Druck und Bindung: GGP Media GmbH, Pößneck
Gedruckt auf säurefreiem, alterungsbeständigem Papier
(hergestellt aus chlorfrei gebleichtem Zellstoff)
Printed in Germany
ISBN 978 3 406 63943 2

www.beck.de

EK2 19,95